I0108245

HERMENAÚTICA

LUIS BUGARINI

Hermenáutica

D.R.

© 2014 Luis Bugarini

© 2014 Casa Editorial Abismos

Dirección editorial: Sidharta Ochoa

Diseño editorial: Tomás Mcfarland

Fotografía de portada: Ribera del Po, de Tania Ruiz Vega

Diseño de portada: Alejandro Casas, 2013.

ISBN: 978-0615951973

Todos los derechos reservados. Se prohíbe la reproducción total o parcial de este libro sin previa autorización por escrito del autor y/o editor.

Para Tania

CONTENIDOS

III DISTÓPICOS

Para el crítico actual, se trata menos de juzgar y de clasificar que de comprender lo que una obra nueva —e incluso una obra antigua— significa: no en algún espacio intemporal que sería el dominio reservado de las letras, sino en ese espacio muy real y sin estabilidad que es el de nuestra situación, nuestras angustias, nuestras esperanzas, nuestro destino común.

Albert Béguin, *Creación y destino*

Todo acto de recepción de una forma dotada de significado, en el lenguaje, en el arte o en la música, es comparativo. El conocimiento es reconocimiento, bien en sentido platónico —que remite al recuerdo de las verdades primigenias—, bien en sentido psicológico. Queremos entender, "situar" el objeto ante nosotros —el texto, el cuadro, la sonata—, otorgándole el contexto inteligible e informativo de la experiencia previa relacionada con el mismo. Intuitivamente, buscamos la analogía y el precedente, los rasgos de una familia (de ahí, "familiar") que relacionan la obra que es nueva para nosotros con un contexto reconocible.

George Steiner, *Pasión crítica*

Además, el crítico *no* es exactamente un hombre corriente: si lo fuera: ¿dígame, por Dios, qué derecho tendrá para entrar en el jardín de su vecino? Tampoco usted tiene nada que ver con un hombre corriente, y la verdadera *raison d'être* de todos ustedes es que no son más que unos diablillos de la sutileza.

Henry James, *La figura de la alfombra*

PRELIMINAR

El asombro continuo parece vedado a los hombres. El avance del arte y la técnica ha desmitificado a tal punto la vida humana, que instar a la posibilidad de lo extraordinario sugiere candidez. Y no obstante, al leer, el mundo admite otra dimensión. La experiencia literaria se distancia de la fenomenológica —al parecer incuestionable, dada su viveza y ejemplaridad—, y abre afluentes en ese río que se imaginaba de un solo cauce. Pero aún es posible hallar extrañeza perdurable en ciertos libros, felizmente.

Este viaje de lecturas se trazó luego de navegar en estantes propios y ajenos, y concluye en una invitación a perseguir el asombro. Es una reunión de ensayos que nace de meditar sobre autores que me apasionan y a los que leo con obstinación, intuyendo en su labor la emisión de un mensaje cifrado. El conjunto de las obras forma una cartografía general, que en su carácter variopinto hace un llamado a la personalización. Estos libros fueron un fragmento de esa línea de luz, rutilante y tentadora, que me permitió integrar una visión del hecho literario. Somos lo que hemos leído, al final. Imposible agregar algo al dicho de Wilde: "La crítica literaria es la única forma civilizada de autobiografía que existe". Los ensayos más antiguos se publicaron en diarios y revistas desde el año dos mil tres, aunque hayan existido antes, bosquejados en la informalidad de una hoja suelta. Sin embargo todos se rescribieron para integrar este libro. Ni los apartados ni la selección de textos son azarosos, aun cuando los libros de estos autores navegaron un océano de accidentes antes de llegar a mis manos. Aquí una ruta de viaje.

I. UTÓPICOS

Pienso que el ridículo es el elemento dinámico, creador
e innovador de toda conciencia que se quiera viva y que
experimente lo vivo. No conozco ninguna transfiguración
de la humanidad, ningún salto audaz en la comprensión
ni ningún descubrimiento pasional fecundo que no haya
parecido ridículo a sus contemporáneos.

Mircea Eliade, *El vuelo mágico*

Hermenáutica, el oficio

La visión de la lectura como forma de navegación es
añeja. Se lee para descubrir, aunque la proliferación de
libros es tal que produce el vértigo de sentirse en medio
de un océano enfurecido. Elegir es un oficio que
acompaña al acto de la lectura. El lector es un elector.
Conforme su sensibilidad se apuntala —porque leer es
un arte— sus decisiones se alejan del capricho, y
entonces traza para sí un programa de lectura. Aspira a
cubrir geografías imaginadas. Germina el plan de
navegación.

La crítica literaria es la forma superlativa del
ejercicio lector. Equivale a pensar en voz alta. Es la
perfección del descubrimiento, del enlace y de
relacionar intuiciones para seguir conversando. Esta
interpretación implica navegar en un sentido, en el
océano referido. Creemos que la orilla está en un lado,
cuando podría estar en el opuesto. Pero hay que

navegar, porque la inmovilidad es una renuncia. Toda salida es riesgo y apuesta. Algo que no sucede cuando se opta por permanecer en la seguridad de tierra firme. Víctor Hugo: "el mar es la inspiración".

La elección de la crítica literaria es un proceso gradual, al igual que un descubrimiento. El crítico siente la inclinación por apropiarse o fundar sistemas de valoración, para entonces establecer relaciones. Este ejercicio nace de una vocación omnívora, que alcanza su plenitud en el acto de reunir lo que parece disperso, o se intuye que tiene soldaduras frágiles y por tanto sujetas a cuestionamiento. El resto es una sucesión natural de conexiones, producto de una pasión por los libros y por el hecho cultural.

El crítico literario relaciona lo que nadie imaginó que podría tener relación. Su labor es matizar, y darle un vuelco a formas horizontales. Y además hacerlo con erudición que no suene a pesadez. Es el caso de los retratos literarios de Sainte-Beuve, ensayos sobre autores mayores que conjugan la visión personalísima del crítico sobre la literatura, con la obra particular de un autor. Aunque no es difícil caer preso de ese juego perverso que es la crítica de la crítica.

El lugar común refiere que el estado de la crítica literaria en México no es óptimo, y que estamos lejos de la tradición de Francia o Estados Unidos. Es posible, aunque todo es susceptible de perfeccionamiento y mayor desarrollo. En los países de lengua española se escribe crítica literaria de manera incesante. Es un ejercicio continuado. Y no sólo me refiero a la académica, que produce conocimiento de manera sistemática. Tampoco a la que se destina al consumo periodístico.

Al final, la crítica es una forma de conversación cultural, incluso si es denostativa o provocadora a secas. Gritar propone un diálogo, sólo hay que modular el volumen. Los grandes escritores hispanoamericanos no despreciaron la crítica, lo cual es alentador. Borges, Cortázar o Lezama Lima, bastan como ejemplo. Y más aún, pues se cansaron de repetir que hacía falta fortalecer nuestra tradición crítica. El discurso de recepción del premio Nobel de Octavio Paz, "La búsqueda del presente", es un llamado a la crítica; a su ejercicio y su continuación. Paz es uno de los grandes críticos literarios de la lengua española. Ahí está *Cuadrivio* y el ensayo sobre Sor Juana para probarlo.

Los críticos no tienen espacios de reunión y menos aún apoyos. No existe una beca para ser crítico, y es improbable que la haya en años. El aparato cultural mexicano exige hablar desde el ensayo. ¿Por qué desestimar la tentativa de un escritor que aspira a la crítica? En fin: hábitos que no cambiarán en años. Así, se escribe crítica literaria desde los bordes, cargando a cuestas la mácula de que, entre otras: (i) es un discurso secundario que puede ser prescindible; (ii) atiende a intereses mercadotécnicos o hasta mafiosos; (iii) el discurso crítico envejece muy pronto, y no interesa como antecedente de valoración; (iv) la subjetividad del crítico afecta la mirada sobre el producto estético y un largo etcétera. Esto puede ser cierto. Antonio Alatorre y Huberto Bátis publicaron sendos ensayos sobre la condición famélica de nuestra tradición crítica. Pero si la crítica literaria transita hacia la crítica a secas se producen libros de significación. *Cervantes o la crítica de la lectura*, de Carlos Fuentes, es una obra crítica y a la par un ejercicio de crítica literaria.

Francia cuenta con una tradición crítica monumental, lo mismo que Inglaterra. En esas tradiciones literarias formar a un crítico equivale a producir a un agente cultural no distinto del narrador y el poeta. El crítico hace una intervención meditada en un entorno cultural, y aproxima interpretaciones acorde al gusto estético de su tiempo. También es un acto imaginativo, aunque de naturaleza distinta. En los países hispanoamericanos al crítico se le mal mira, cual si fuese un escritor menor por voluntad propia.

Pero la crítica es una meditación del mundo, a partir de ciertos hechos, que pueden ser estéticos, históricos o incluso personales. La crítica literaria es una mirada atenta a una producción literaria de intención estética. La crítica a secas puede servirse de la crítica literaria para ir más allá, y su alcance dependerá de la perspicacia, inteligencia o talento del crítico literario. George Steiner hace crítica en *Los logócratas* y crítica literaria en *Después de Babel*. O más bien filología. La hiperespecialización es un confinamiento, y la crítica es aire libre. Aunque la crítica no es deambuleo, puede darse ciertas libertades.

Si la crítica literaria es objetable, en la crítica ya no es posible argumentar nada en contrario. Leemos o no leemos, y no hace falta compartir la postura del crítico. Es pasear los ojos ante una pintura. El crítico es un destino y proviene de una formación y un entorno. Pertenece a una generación, y no puede renunciar a sus inquietudes. Por eso es una mirada única y urgen legiones de críticos.

Existe la consabida mezquindad en el medio literario mexicano, pero es la pluralidad de voces la que enriquece un entorno cultural. Al final, la visión de un crítico es una sola. De ahí la importancia de multiplicar el discurso crítico. En las épocas en que un solo crítico determina lo que hay que leer o no —como en tiempos de Sainte-Beuve— se pierden perspectivas. Antes el crítico era un patriarca inobjetable que otorgaba el *nihil obstat* a las obras de su preferencia. Por suerte esto se acabó, y es imposible que suceda de nuevo debido a los medios electrónicos.

Dicho de otra manera, no toda la crítica forma discurso crítico. El comentario aislado está condenado al olvido. El hilo que los une es la continuidad y la adhesión a un modelo estético. El crítico literario está obligado a mantener un estándar alto de calidad, aunque no crea en él. Esto es: el crítico puede llegar a casa a leer literatura de consumo, pero en su valoración pública deberá tener presente un modelo envidiable en términos estéticos. También los argumentos para sostener un criterio. El crítico deberá estar preparado para suscitar el debate y defender sus entusiasmos. Lo mismo para armarse de valor cuando haya que dar golpe de timón. Nadie es infalible y el gusto literario es el capital del crítico.

La sed del crítico, por otra parte, debe ser insaciable. Su aspiración es la polimatía. Su contacto con la producción cultural no deberá conocer horarios o censuras. Cine, historia, fotografía, literatura, libros técnicos. Cualquier experiencia que alimente su sensibilidad será bienvenida. El crítico es un observatorio: a mayor comprensión del hecho cultural, mayor detalle logrará al situar lo que demanda ser ordenado. La producción estética no se detiene. Hay que robarle horas al sueño para avanzar lo más posible. Su calidad de testigo de un tiempo determinado es un atributo que se gana con la constancia y la agudeza para mirar tras la bruma. Antonio Alatorre refiere en una conferencia dictada en 1972: "los grandes críticos literarios son tan raros como los grandes creadores literarios. Más raros aún, tal vez". Así lo creo.

La crítica puede tener una dimensión creativa, pues el discurso crítico es susceptible de ser manipulado, tal como hacen los narradores con la realidad histórica. La hibridación de géneros tolera cruces entre cita verdadera y falsa. Basta leer algún ensayo de Enrique Vila-Matas para comprobarlo. La crítica literaria puede ser un área de juegos. Puede alejarse del dandi metrosexual de bigote fino y peinado impecable que escupe la sopa porque no le agrada. Ya es posible borrar ese amaneramiento. Además: en la actualidad se desplazaron los centros afianzados que daban autoridad al discurso, lo cual es formidable.

Por supuesto la academia continúa generando conocimiento a través de fuentes autorizadas del saber. Al realizar una tesis de grado, la propuesta o conclusión deberá ir sustentada por tres o cuatro voces reconocidas, de otro modo, perderá consistencia. La voz personal está permitida sólo para enunciar la propuesta de nuevo conocimiento. En la dimensión creativa de la crítica se salta al vacío en la noche. De ahí su importancia y necesidad.

Cuarenta disparos críticos

1. La crítica es una de las formas que adopta el diálogo en una cultura.

2. Quien se dice creador ejerce la crítica.

3. Crear una obra postula una carencia en la realidad, misma que dicha obra busca atenuar.

4. El crítico es creador y viceversa. Antes de sus acciones respectivas, su labor no existía en la naturaleza.

5. El crítico inaugura relaciones, las matiza, reconfigura y vuelve a desorganizar. Asimismo ordena y vindica una forma particular del gusto estético de su tiempo.

6. La crítica es lenguaje, por principio. Después, tejido de referentes.

7. Ejercer la crítica requiere sensibilidad e intuición, ambas con perspectiva integradora.

8. El único apostolado posible del crítico deberá obedecer a su sensibilidad, que admite variaciones.

9. La misión primordial del crítico es dar un sentido a una intención estética.

10. El crítico es un exégeta minucioso: analiza, compara, detalla y luego se lanza al vacío. La crítica nace de ese salto.

11. El pedigrí de un crítico —si es posible imaginar que tal distinción existe— radica en su calidad de lector e intérprete de obras.

12. Publicar crítica es un *side effect* de ese diálogo con el hecho estético.

13. Hacer crítica inflexible es un modo válido de idearla, aunque no es el único.

14. La materia del crítico no es sólo la obra que interpreta, sino el lenguaje del que se sirve y la función integradora que realiza.

15. El crítico se sirve de cualquier elemento para lograr una visión del mundo: de los folletos de parroquia al último libro de Agamben.

16. El capital del crítico es la fidelidad a su lectura del mundo.

17. El crítico habla desde la tradición para vapulearla.

18. La tradición es una secuencia de consensos, muchos sin disputar. Este es un nicho de oportunidad para el crítico.

19. La tarea del crítico es amalgamar erudición y sensibilidad para situar obras dentro de esa secuencia.

20. La crítica es un discurso que observa, consigna y procura dialogar —en atención a su tarea primaria—, aunque no es difícil terminar en el soliloquio.

21. Que el crítico sea creador garantiza una mejor lectura de la obra que interpreta y/o conjuga.

22. El crítico debe evitar la pira y el altar, dos formas de la simplificación.

23. La acción del crítico no es oráculo ni brújula. Puede errar tal como el adolescente que descubrió ayer la lectura.

24. El crítico no está obligado a ejercer su labor con guantes de cirujano, aunque puede hacerlo.

25. El crítico es responsable de sus juicios en tanto sujeto histórico. Interpreta desde coordenadas forzosas: edad, historia, tradición, contexto.

26. La crítica es una visión particular de un tiempo determinado. Por tanto, es parcial.

27. El crítico no está obligado a predecir o adivinar intenciones. No es prestidigitador ni malabarista.

28. El crítico no deberá tener miedo a la contundencia. Tampoco a la murmuración y menos aún al abucheo.

29. La crítica no requiere defensa ni justificación. Se perfila un segundo y al instante se fuga de nuevo.

30. La crítica de la crítica limpia el espejo en el cual buscamos las huellas del presente.

31. La crítica literaria es una estrella de la galaxia crítica.

32. La reseña de libro es polvo de esa estrella.

33. El terrorismo en la reseña es una táctica válida, pero tiene caducidad.

34. El crítico literario no es un guerrillero al servicio de la

Auténtica Literatura, que se salva sola.

35. El destino esperado del crítico literario es transitar hacia la crítica y ponerla al servicio de sus intereses.

36. Es válido desconfiar de creadores que no ejercieron la crítica literaria.

37. El crítico literario no debe quedar en pausa en tanto los creadores publican otra obra.

38. Es más fácil saltar de la crítica literaria a la creación que del mero silencio. O la sola intención.

39. Aunque la crítica literaria no es una muleta, ayuda a sortear la abulia.

40. Algunos narradores con acento crítico: Alejandro Rossi, Enrique Vila-Matas, Sergio Pitol, Jorge Luis Borges, W. G. Sebald, Thomas Bernhard. Marcel Proust en *Contra Sainte-Beuve*. Tantos más.

Sobre el prólogo y la crítica

De entre los géneros literarios que por causas inexplicables no han sido reconocidos con esa categoría por la crítica y la academia, y que aún con ese desdén circulan sin pena ni menoscabo, tales como la bibliografía crítica cervantina o el erudito comentario hagiográfico, ninguno tan espectral y a la vez tan necesario como el acto generoso y siempre titubeante de prologar obras propias o ajenas. El asunto carecería de importancia si su escritura tuviera repercusiones invisibles en la historia de las letras, no obstante, existen algunos prólogos cuya resonancia sigue cimbrando nuestra idea del hecho literario.

Pocos han sido los autores y lectores que han reparado en su trascendencia, a no ser porque poseen una sonoridad atrayente y forzosa pues, a grandes rasgos, es válido consignar que el prólogo termina siendo parte integrante del texto al que antecede. Así, sería lógico imaginar que el mundo que bordea la elaboración de un prólogo no es menos complejo que el que se requirió para la escritura de la propia obra, aun cuando sean labores dispares. Por supuesto el lector pensará que existen prólogos innecesarios, elementales y sin prodigios evidentes, y es posible suponer que con esa calidad no entrarán al olimpo de los que han hecho historia.

El diccionario de la academia es demasiado laxo para la definición del vocablo "prólogo", al que registra como un "escrito antepuesto al cuerpo de la obra". Sin embargo, la parquedad de la definición funciona a la perfección para considerar como tales no sólo aquéllos aceptados como prólogos, en lo general, sino también a los prefacios, preliminares, preámbulos, introducciones, preludios, exordios y cualquier otro género de palabras previas.

No es exagerado considerarlo aún en términos lúdicos un género literario, pues posee una normatividad y una historia como cualquier otro género de las letras. Aunque de aparición tardía, es factible ver el *Prefacio a Shakespeare* de Samuel Johnson, como una de esas palabras previas que tienen toda la intención no sólo de comentar la obra de referencia sino que, conscientes de su relevancia en la apreciación del corpus central, se esmeran por no resultar deslucidas y estar a la altura. El *Prefacio* es de por sí memorable y ahora se imprime independiente de las obras del bardo inglés. Ahí aparece compendiada, a los ojos del lector atento, una de las formas más imperecederas de escribir unas palabras introductorias, que se prestan, siendo lúcido y diestro en el uso del idioma, a la posibilidad de expresar un parecer individual.

De tal suerte, el doctor Johnson se da tiempo para determinar su propio canon estético: "La obra de un escritor cabal y metódico es un jardín bien diseñado y cultivado con esmero, al que animan las sombras y perfuman las flores". El *dictum* multicitado de que la novela es un cajón de sastre, le resulta aplicable a la elaboración de prólogos, que admiten no sólo el elogio, sino también el roce de la mirada crítica, de ceja fruncida.

Pero a un lado de su historia, el género de los prólogos tiene su normatividad, que implica el ejercicio de una valoración fugaz pero sustancial, unas palabras de amistad o una invitación a la lectura de la obra. Un prólogo jamás puede ser pesado, ni ser demasiado grácil o portentoso: tiene que dejar lucir y, si esa es la intención, lograr incluso que el texto central brille aún más. Las ediciones críticas, a pesar de su evidente necesidad y de estar "antepuestas al cuerpo de la obra", no pueden ser consideradas como prólogos amistosos pues no invitan a la lectura, sino que montan un salón de clases y evitan que el lector tenga una interferencia activa con la construcción mental de la obra. No pocas veces tales prólogos se engolosinan con interpretaciones, angustian al lector y, al final, lo que pareció ser una entrega aceptable y positiva, se torna una invitación a la reverencia y al culto canónico.

El acto del prólogo se encuentra en el corazón de la tradición literaria hispánica. De todos es conocido el temor que tenía Cervantes antes de publicar *El Quijote*, quien, atemorizado y más bien perplejo, pidió la colaboración de un amigo cercano para que le diera ideas para inventarse voces de renombre que prologasen su obra. El prólogo es una carta de presentación, un juego de apuestas en donde el lector está invitado a ganar. Una de las actividades apuntadas para cualquier generación literaria es la de leer la tradición y acercarse a las obras que por afinidad o sensibilidad estética, les sean de mayor proximidad anímica. Las generaciones avanzan y es menester que se realicen nuevas lecturas de los textos que han formado la tradición literaria.

En tres órbitas de distinta procedencia, pero que conviven sin grandes contratiempos, es posible encontrar dispersa la obra literaria prologal: la primera tiene que ver con los prólogos que el autor escribe para su propia obra; la segunda, con los prólogos escritos por terceros, sean conocedores o simples lectores con amplia trayectoria en el mundo de las letras; y la tercera tiene que ver con aquellos que los editores, para lograr una mejor comprensión de la obra o mayores índices de ventas, imprimen al frente de sus ediciones.

La primera modalidad de la escritura de un prólogo, esto es, la que tiene que ver con las palabras que el mismo autor coloca al frente de sus escritos, suele ser la más elemental y por tanto la más prescindible, pues jamás los autores fueron buenos jueces de sus obras. No obstante, es necesario citar dos excepciones que por su fuerza y necesidad escapan a esta norma de aplicación general: ¿Sería posible la lectura de *El almuerzo desnudo* si William S. Burroughs no consigna en el prólogo que la obra está formada con las notas que tomó durante sus largos periodos de consumo de enervantes? ¿Tendría algún sentido leer sus palabras, veloces, álgidas y sin escrúpulos, si no fuera porque provienen de alguien alterado por el uso de cuanta droga tuvo a su alcance? Es posible, aunque el prólogo funciona como un aura espectral que atrae a los fascinados por el lado sombrío de la exploración mental.

La segunda excepción en materia de prólogos a la propia obra tiene que ver con uno de los maestros indiscutibles en el arte del prólogo: Jorge Luis Borges, quien escribió tantos y de tal precisión, que no tuvo otro remedio que publicarlos en forma de libro. *Biblioteca personal*, *Prólogo con un prólogo de prólogos* o *Textos cautivos*, funcionan como un muestrario sutil de la altura que es capaz de alcanzar el género literario del prólogo, pues en Borges, más que en nadie, se reúnen la brevedad, el apunte agudo, la invitación al lector y la prosa diáfana. Tal fue su práctica y conocimiento del género, que incluso se aventuró a formular algunas líneas que funcionan como normativa. Refirió el autor argentino: "Que yo sepa, nadie ha formulado una teoría del prólogo. La omisión no debe afligirnos, ya que todos sabemos de qué se trata. El prólogo, en la triste mayoría de los casos, linda con la oratoria de sobremesa o con los panegíricos fúnebres y abunda en las hipérboles irresponsables, que la lectura incrédula acepta como convenciones del género".

Por lo que hace a la segunda modalidad en la elaboración de prólogos, y que acaso sea la más conocida, esto es, la de comentar obras ajenas, ninguno resalta tanto, sea por la injusticia de la memoria literaria o sea por la intemporalidad de sus juicios, como la que encarna la obra de Rafael Cansinos Assens, al que no le valieron los versos que Borges escribió para él, ni el haber sido considerado por el autor argentino como un hombre "semejante a todas las bibliotecas de Europa" para salvarse del olvido. No obstante, a Cansinos Assens no le bastó realizar la traducción completa de las obras de Goethe, Dostoievski y *Las mil y una noches*, pues además escribió prólogos para cada obra que sobrepasan el comentario trivial, aunque evaden el fárrago de la erudición incontrolada. En sus prólogos se siente la mesura, el deseo de compartir y la pasión por los autores de su devoción.

En esta modalidad de prólogos para obras ajenas se dan cita la clarividencia y el anhelo de hacer de un texto una obra memorable. Borges no resistió la tentación y en el prólogo que escribió para *La invención de Morel*, la calificó de "obra perfecta". La exageración y los actos de amistad confesada no son infrecuentes en el acto del prólogo: Bukowski proclamó a John Fante como su "dios" en el prólogo a *Pregúntale al polvo*, y Henry Miller declaró en el prólogo a *Los subterráneos* de Jack Kerouac, que las posibilidades del idioma inglés vivieron un antes y un después de *En el camino*.

Pero las posibilidades de escribir la historia literaria también se da en el minúsculo espacio dedicado a esas palabras preliminares que pueden ser de indiferencia, desdén o entusiasmo. ¿Cuántos autores no se han salvado del olvido porque alguna pluma evitó que se perdieran? La historia literaria se presenta como un arte más complejo que la mera conjugación de datos y fechas con los nombres de los autores y las obras que han tenido resonancia a través de los años. La vida literaria es una dimensión borrosa que se materializa no sólo en las obras señeras, sino igualmente en los detalles minúsculos de la valoración e interpretación de las obras. Borges, de nuevo: "El prólogo, cuando son propicios los astros, no es una forma subalterna del brindis; es una especie lateral de la crítica".

La última modalidad del prólogo tiene que ver con las audacias editoriales para lograr mayor índice de ventas o para facilitar la compresión de la obra. Por supuesto que no todas tienen que ver con actos mercantiles desprovistos de consideración para los lectores. Los prólogos de Octavio Paz para las ediciones de *La suave patria y otros poemas* de Ramón López Velarde, o *Las enseñanzas de Don Juan*, de Carlos Castaneda, a pesar de no haber sido escritos para esas ocasiones, enriquecen unas ediciones destinadas al gran público. Lo mismo sucede con otras inclusiones menos visibles pero asimismo sustanciales, tales como los prólogos de Theodor Adorno a *El castillo* de Franz Kafka, o a la edición de *Un mundo feliz* de Aldous Huxley, en donde erudición, hallazgo fortuito, interpretación sagaz y hasta el detalle invisible para lectores distraídos, se dan la mano para enriquecer el contenido.

Ignoro si fue George Steiner o Edmund Wilson quien afirmó que la crítica y el comentario explicativo son un elemento de complementariedad esencial a un texto: al desenrollar ideas, al realizar comparaciones y anotaciones, al urdir filiaciones o desechar sin remordimientos, el crítico o el comentador escribe y complementa la obra que expurga. No sólo se trata de interpretar, aplaudir o reprender. El crítico comparte no sólo un fragmento del proceso de creación de la misma, sino también su destino histórico: las malas decisiones pueden llevar su labor al naufragio.

Esta imagen tiene algo de poético al plantear una colaboración entre el creador y el crítico, y resuelve una cuestión vital para la teoría crítica contemporánea: es fácil deducir que ésta última queda colgando, en total dependencia, de las obras "creativas". Acaso en los primeros años del siglo XIX era normal y aún deseable descalificar a la crítica como un auténtico producto de la imaginación, pero en los albores del XXI es una miopía insuperable: una novela, un poema o una obra teatral son una crítica al mundo, a la existencia o las experiencias del yo. De ese modo, crítica y creación, conviven en una frontera borrosa y trepidante y lo hacen, de modo invisible y acaso fortuito, en las páginas del prólogo.

Así, el acto del prólogo es tan consustancial a la tradición literaria occidental como la composición de un poema o una novela. Nada más natural que romper la severidad de obras en apariencia impenetrables con invitaciones sutiles y comentarios deleitantes. A fin de cuentas, la tradición se sustenta en la transmisión, que implica un intercambio, un paso de manos. Sea en cualquiera de las modalidades arriba descritas, es posible identificar al prólogo como un acto valorativo imposible de desligar de la creación misma, pues en ningún otro aspecto de la vida literaria es más nítida la simbiosis entre crítica y creación.

¿Adiós al género informal?

Se disfruta la correspondencia entre escritores. También las notas cruzadas, los diarios, epistolarios y cualquier documento escrito al margen de su producción central, que sea capaz de arrojar luces sobre su personalidad, o sobre los conflictos que tuvieron para dar forma definitiva a sus obras. La cercanía de esa escritura es una ventana abierta para leer reflexiones que no exigen defensa o justificaciones. Estos escritos, que en su conjunto denomino como integrantes de un género informal, alimentaron mis años de lector, pues ansiaba vislumbrar el acto creativo desde otra perspectiva.

Los leía con ansia, expurgando líneas al azar, y saltaba a capricho de una página a otra. Esta forma diluye la distancia, y la brecha entre el autor y el lector se acorta. Recuerdo a vuelo de pájaro el *Diario de un escritor* de Fiodor Dostoievski. El autor ruso no sólo era capaz de dar vida a entornos asfixiantes, presentes en la mayor parte de su narrativa, sino que también era un individuo con gran sentido del humor. Sus burlas sobre la ignorancia francesa, o sobre la vulgaridad inglesa y la sed territorial de los alemanes, poseen un acento único. Dostoievski era un hábil escritor de diario, que al jugar con las apatías de la cotidianeidad, pasó por amargado entre sus contemporáneos.

Las notas de prensa cuando no bordean el ensayo de altos vuelos, y en donde el autor coquetea con el impacto de la realidad en las palabras, podrían entrar en el rubro del género informal. Por otra parte, no pocas autobiografías, memorias y testimonios se acercan en aliento al lector, aunque su aire justificativo y catedralicio las aleja de ser informales.

La correspondencia entre escritores es uno de los géneros informales más provechosos para el lector atento. Aunque es necesario señalar que su lectura tiene cierto voyerismo. Aquí el lector no se conforma con la obra y explora tras bambalinas. La lectura de los *Diarios* de Tolstói refiere la crónica de un hombre atormentado. Las crisis espirituales se suceden a lo largo de su vida y, entre pausas, escribe sus novelas.

El lector de diarios asiste a la representación de un monólogo. La identificación creador-lector no pasa por el filtro del fingimiento. En el género informal leemos a los hombres de carne y hueso. No habla el autor de renombre, vehículo de las vanguardias o el retratista de la modernidad, sino los seres que padecieron la urgencia de enfrentar la subsistencia cada mañana.

La correspondencia entre Flaubert y Turguéniev es un hito. Las revelaciones variadas y la confesión de actos triviales llenan sus páginas. Mientras uno invita a comer al otro a la pensión en donde se hospeda por unos días en París, el otro comenta entusiasmado el avance de su última novela. A las consideraciones sobre las obras propias, se asoman los juicios sumarios sobre la producción de otros autores. Además el interés compartido por la pintura. Lo que ahora se estiman como "obras maestras", al escribirse esas cartas no eran sino ingentes esfuerzos por superar la abulia y la falta de confianza en el trabajo propio. En una carta del 17 de junio de 1871, Flaubert le confiesa a Turguéniev: "He pasado en París toda la última semana. Hay algo más lamentable que sus ruinas, y es el estado *mental* de sus habitantes. La gente navega entre el cretinismo y la locura furiosa. No exagero en absoluto".

Flaubert, originario de Rouen, no comprende el delirio urbano de París. En sus cartas se percibe el temperamento exaltado y próximo a la ira fácil. Turguéniev transmite moderación. Leer sus cartas equivale a mirar el cuadro de un hombre que observa el paisaje. Sus meditaciones se limitan a la construcción de sus obras, y a los comentarios que le suscita la lectura de los fragmentos que le envía Flaubert. Turguéniev trabaja paciente y observa el entorno. Ambos escritores, cuando lograban reunirse, se leían partes de las obras que estaban creando.

La lectura del género informal no sólo beneficia a los historiadores de la literatura. También los lectores desean ahondar en la vida y obra de su autor predilecto. En el campo fértil del género informal existen diarios que terminan por adentrarse en lo legendario. Sus palabras se estudian, voltean, escrutan y explican de las maneras más disímiles. El diario se vuelve parte de la obra y una suerte de exégesis involuntaria. Uno de esos diarios es el de Franz Kafka. Ahí se encuentran opiniones sobre su entorno inmediato, y asimismo impresiones sobre sus lecturas.

En un escritor que se transformó en obsesión, el diario nunca es un apéndice incómodo. Muchos párrafos, cargados de sensaciones, explican de manera indirecta su obra. Anota un día de 1910: "Mi estado no es la desdicha, pero tampoco es dicha, ni indiferencia, ni debilidad, ni agotamiento, ni cualquier otro interés, ¿qué es entonces? El hecho de que no lo sepa se relaciona sin duda con mi incapacidad de escribir. Y ésta creo comprenderla sin conocer su causa". ¿Quién dudaría que esto fuera escrito por el autor checo? Imposible desligar vida y obra. Para abordar una obra que ha calado hondo en la historia colectiva, cualquier herramienta es útil.

El diario es uno de los géneros informales más consultados: se reeditan, compilan y traducen de nuevo. La proclividad a su lectura alimenta nuestro entendimiento de la obra intelectual de sus autores. El ideal de esta lectura atenta es hurgar hasta donde sea posible, y abarcar hasta donde jamás nadie lo ha hecho. Lo natural es que la aparición de un inédito sea motivo de festejo. Pero este voyerismo en la lectura es un mal hábito de la modernidad. El espacio privado de creación del artista actual se ha limitado al máximo. Los efectos de su publicidad se palpan en cada acto de su vida.

El avance de la tecnología limita el ejercicio de los géneros informales. El primero de ellos que habrá de sufrir menoscabo es el epistolar. La velocidad de las comunicaciones y el uso del correo electrónico, ha diluido el acercamiento postal. Los escritores se siguen escribiendo, pero lo hacen con prisa, sintetizando al máximo. Ahora las conversaciones se borran con una tecla. Nunca antes el olvido había estado tan cerca. La memoria de los hombres queda limitada con los avances de la ciencia. La lectura de diarios es una apuesta en contra de la banalización de los actos humanos, contra la frivolidad de un mundo que avanza y difunde la práctica del olvido.

Antología de mundos imaginarios

En 1940 se publicó en Buenos Aires una *Antología de la literatura fantástica* firmada por Borges, Bioy Casares y Silvina Ocampo. Nadie imaginó que el volumen, en apariencia convencional y de escaso grosor, tendría consecuencias en el panorama de las letras hispánicas. Sus efectos, a más de seis décadas de distancia, siguen nutriendo la manera en que dialogamos con otras tradiciones literarias. Un ejercicio de estadística aplicada a esa antología: de los sesenta y cinco autores incluidos, cincuenta y tres escriben en una lengua distinta del español (con predominancia de la inglesa), y de los doce restantes que sí lo hacen, ocho son argentinos. Los restantes cuatro son Don Juan Manuel, José Zorrilla, Ramón Gómez de la Serna y Elena Garro. Ésta aproximación a nombres, números y nacionalidades, permite deducir la excentricidad del género fantástico en lengua española. Aunque esa cualidad no significa ausencia o falta de cultivo.

Por el dominio que han ejercido escritores de lengua anglosajona sobre el género fantástico, sería fácil repartir cualidades intrínsecas a cada uno de los pueblos. Así, los franceses serían los poseedores de la literatura erótica, los ingleses de la fantasía y la ciencia ficción y los alemanes de la música y la filosofía —Ortega y Gasset enfatizó la pertinencia de la lengua alemana para las abstracciones filosóficas. Pero este ejercicio es un gigante de barro y se desbarata con el primer tifón de excepciones.

Esa *Antología* es uno de esos legados poco visibles pero muy presentes en la tradición literaria en lengua española. A causa de las apasionadas lecturas de Borges de escritores anglosajones —Kipling, Stevenson, Carlyle—, y del repaso disciplinado de los cuentos que Scheherazade relataba cada noche para salvar su vida, Borges tendió un puente entre tradiciones por el que numerosos escritores han incursionado en una forma literaria que funciona para plantear las interrogantes de la condición humana.

La colaboración entre Borges y Bioy Casares —quizá la más lúcida y perdurable que se haya dado en la literatura en nuestra lengua— además de la *Antología*, generó una serie de investigaciones policiales con dos personajes ficticios: Isidro Parodi y Bustos Domecq. Ambos argentinos abrevaron la forma de la novela y el cuento policial de la tradición anglosajona. Esa influencia produjo otra antología: *Los mejores cuentos policiales* (1962), que ambos escritores realizaron años después.

Atribuirle a Borges el descubrimiento de los juegos fantásticos por parte de los escritores en lengua española, confiesa una ingenuidad, pero no así reconocerle el hecho de fundar una poderosa estética: la inteligencia aplicada a la ficción. Por su énfasis en los juegos de la imaginación, en la aparición rigurosa de lo súbito, y en el carácter perdidizo de la realidad, su escritura invita a postergar la secuencia de hechos visibles para preguntarse qué hay detrás de ellos.

Una aproximación al género fantástico presenta un problema de origen: la palabra *fantasía* se ha diluido. La realidad sufre una escisión a causa del arte contemporáneo: Duchamp no imaginó las consecuencias del *ready made*. ¿Cómo definir lo fantástico? ¿Cuáles son sus límites? Roger Caillois, en la antología de lo fantástico que realizó para Gallimard lo identificó como una "tentativa de agresión a la realidad"; David Pringle como el "conjunto de historias que tratan de lo maravilloso, lo mágico y lo sobrenatural". Las definiciones, estudios y tratados sobre el género se multiplican, y aún con todo, el lector sabe cuando vive la experiencia de lo fantástico.

Ciencia ficción y fantasía no son términos equivalentes. Cada género tiene características propias. Vuelvo a Pringle y en la introducción a su libro *Ciencia ficción: las 100 mejores novelas*, encuentro una definición del género que podría lograr el asentimiento general: "es una forma de narrativa fantástica que explota las perspectivas imaginarias de la ciencia moderna". La escritura de ciencia ficción en lengua española estalla en muchas direcciones. La influencia anglosajona se disipa aunque aporta lo mejor de sí, y se abren puertas a la originalidad de los pueblos hispanoamericanos. Así, la tarea de Borges, a la distancia, se difunde y fecunda la tradición literaria.

Bachelard, la visión integradora

Serán contadas las perspectivas intelectuales del siglo XX que trasciendan las décadas, y logren enlazarse con las nuevas generaciones. Y así será porque fueron pocas las que vislumbraron el daño que provocaría la adhesión fervorosa a sistemas ideológicos para organizar el conocimiento —y por tanto la realidad—, y con ello intentar una aproximación a la verdad, si esto es posible.

Una de ellas será la de Gaston Bachelard (1884-1962), pensador francés que antes de cercarlo en el corral de la filosofía, y así restarle mérito a sus hallazgos en los diferentes campos del saber, convendría integrar su obra como si fuese producto de un espíritu universal. Bachelard fue poseedor de uno de los intelectos más decantados para deducir sutilezas en actos y hechos elementales, y además para integrarlos en un mapa orgánico.

De formación académica rigurosa, con altos vuelos de ciencia pura, lo mismo se interesó por los hallazgos de la física que por las sugerencias del naciente psicoanálisis. Su curiosidad no tuvo límites y de la química saltó a la física y, de ahí, a las imágenes que el inconsciente proyecta sobre la imaginación poética. Las fronteras inviolables del conocimiento —límites autoimpuestos, como buscó probar con su tentativa—, Bachelard las resquebraja y el discurso científico concluye indistinguible de la indagación poética. Esto derivó en interpretaciones que desafían la temporalidad y los modelos prestablecidos de investigación de lo humano.

Pero esta diversidad de intereses está lejos de quien se aventura sin objeto, y se interna en el bosque sin idea de ruta. El trayecto de su ensayística parte de un modelo interpretativo cuyo fundamento se origina desde el centro de una investigación científica: insaciabilidad y fascinación por el descubrimiento, aunque sin abandonarse a la autocomplacencia y la satisfacción onanista por los juegos eruditos.

En su obra las conclusiones inapelables del discurso científico se tornan súbito hallazgo poético que, a su vez, se erigen como una forma atípica de la intuición. ¿Qué leemos en Bachelard? ¿Conclusiones científicas producto de experimentación en laboratorio, o proyecciones personalísimas de la racionalidad humana? ¿O acaso la forma de una intuición universal, expuesta sólo para el lector clarividente? En su obra se esboza una aproximación al misterio llamado poesía. Porque no obstante que escribió algunos libros de corte científico —pienso en *La formación del espíritu científico* (1938) o *El materialismo racional* (1953)—, apartó los hallazgos de sus investigaciones de la narratividad cientificista y les puso un acento de orden poético. Leemos ensoñaciones, ejercicios libres de imaginación y, al final, vías a la libertad.

Su iniciativa resulta necesaria para identificar ciertos puntos de fuga de la modernidad, pues fundió preocupaciones de diversas ramas del conocimiento. De igual forma conserva uno de los pilares del espíritu científico moderno —y ésta fue la carencia de muchos de sus contemporáneos, hayan sido filósofos o especialistas de otras disciplinas—, ya que se alejó de postular una verdad rigorista y despótica.

Esta actitud frente a la creación y sistematización de conocimiento es perceptible en sus incursiones con el objetivo de entender la tarea poética. Concluyó que la poesía no es un bien para descomponerse por ocio, pues dados sus atributos, ésta sólo logra su plenitud en la experiencia directa de sus elementos. Entonces concluye en vivencia, práctica y hasta rito. Cuando pierde ese carácter para volverse adorno o pretensión intelectual, sus destellos pierden luminosidad. Además resolvió que el conocimiento científico queda limitado frente al enigma del decir poético. Intuitivo y perspicaz, detecta la carencia y opta por andar veredas laterales. Así, las fronteras del conocimiento no están bien diferenciadas y existen en un proceso de perpetua integración. ¿Hay una línea divisoria entre física y arquitectura? ¿Existen distinciones tajantes entre las matemáticas y la música, aun cuando ambas se sirven de elementos simbólicos para representar la otra realidad? Bachelard sostiene que hay obras en una línea de tiempo, inspiradas por un aliento poético. Lo demás es invención y además humana.

La seducción de la ignominia

No fue sino hasta que pude ver *El desencanto* (1976), documental de Jaime Chávarri sobre los Panero —Juan Panero (1908–1937), hermano del primer Leopoldo, Juan Luis (1942), Leopoldo María (1948), José Moisés "Michi" (1951–2004), y su madre, Felicidad Blanc (1913–1990)—, seguido de *Después de tantos años* (1994), de Ricardo Franco, su continuación, que logré desbrozar la maleza que los cubre, ya que trascienden lo literario en España, pues son el terreno de lo no dicho: el afecto o el odio.

Familia de creadores tras una nube de misterio. Lo mismo por la adhesión al fascismo por parte del padre, Leopoldo Panero Torbado (1909-1962), que por la personalidad patológica de Leopoldo María Panero, siempre hay de qué hablar respecto a esta familia, extravagante y hermética. El hilo de la reflexión parte de la figura de Leopoldo Panero, cuya estatua, puesta en Astorga (León) doce años después de muerto, terminó por institucionalizarlo, tanto en la historia literaria de España como frente a las necesarias reivindicaciones del franquismo. *El desencanto* es una indagación sobre el padre, que fue muy amigo de Luis Rosales, según refiere la historia familiar, considerado "el hombre del misterio", según Pedro Laín Entralgo. Al parecer, un individuo taciturno.

Destacan las secuencias largas —no pocas veces incomprensibles (mal audio, interrupciones espontáneas, escenas al aire libre)—, en que la familia hace tertulia y revela sus lecturas: Camus, Cernuda, Guillén, Eliot, etc. Al fin, los eslabones de una generación entera. La vena lectora y burguesa de Felicidad sirvió para moldearles el carácter y orientar, hasta donde le fue posible, las tentativas literarias de sus hijos. Ejercicio proustiano a cuatro manos, ya que todo parte de un "me acuerdo", y de ahí brota el anecdotario. Acaso sea la única ocasión en que es posible ver a un Leopoldo María Panero juvenil, arrebatado por el decir poético, por la vivencia al límite. Excedido, incluso, de rebeldía y vitalismo. Periodo anterior a su peregrinaje por manicomios.

La muerte de "Michi" hizo renacer el interés respecto a su lugar en la tradición literaria española. Esos documentales, que se ven como uno solo —con dieciocho años de diferencia—, abren la puerta al lector que intenta descifrar sus manías y obsesiones, ya que ellos mismos han sembrado su hermenéutica con falsos mitos. Ahora bien: ésta no es la España actual, en donde todo discurso es posible, sino la que padeció la bota de los años negros del franquismo, con sus dolorosos silencios, con sus palabras ahogadas. Estamos ante una arqueología doble de la ausencia: la falta de Panero padre podría ser la razón del cataclismo que se narra, en primer término. Una muerte que deriva en la ruina de una casa, que ondea e impacta a una familia entera.

En *Después de tantos años*, la protagonista es la ausencia de la madre. Documentales, ambos, a partir de una orfandad que los Panero consignan de modo lateral y desencantado.

Cierta visión autocrítica de los Panero pasa filtrada por la ironía y el humor negro. La historia de España sería un teatro de locura, en donde nadie es responsable de su devenir, accidental o forzado. En sus momentos más bajos, los hijos muerden a la madre, con reproches que pudieran oírse en cualquier familia. *El desencanto* se estrenó posterior a la muerte de Franco, no debe olvidarse. "La memoria es lo más cruel del mundo", concluye Juan Luis. Dos ejercicios de evocación que se inscriben de lleno en la historia de las letras españolas: un retrato doble de una ruina, salvados por la poesía.

Refiere Leopoldo María Panero: "vivo dentro de una fantasía paranoica del fin del mundo y no sólo no quiero salir de ella, sino que pretendo que los demás entren". *Erección del labio sobre la página*, dentro de su obra poética, es uno de los casos más atípicos de la literatura en lengua española. Anclado en un romanticismo recalcitrante, su poesía transita entre la morbidez decrépita de la mujer ausente, el odio a cualquier forma de autoridad etérea y la sexualidad más enervada.

Con más de quince libros publicados, Leopoldo apenas es conocido en México. Panero: "seré un monstruo pero no estoy loco", y remata: "escribir es todo lo que puede hacerse en un manicomio". Su poética es un reducto nostálgico. Sus temas son el satanismo, la oscuridad, la asfixia de lo real, las formas de la sexualidad anti-decorosa, el nihilismo como elección propia y la perplejidad ante la condición de ser hombre. Romántico contemporáneo, su tentativa revitaliza al decadentismo, y confirma que Baudelaire, Blake y Novalis no fueron accidentes del espíritu humano, sino vías de escape de la angustia vital que a todos merodea. Así, destruir es un ejercicio de creación: transfigurar el sentido del mundo es habitarlo de nuevo. El hombre, en su incapacidad para entenderse a sí mismo y al entorno que lo rodea, se levanta cada mañana con la necesidad de reinventarse. La poesía será transmutación alquímica.

Panero no busca la redención por el lenguaje o la trasgresión de la moral burguesa. Es consciente de las antiguallas de las vanguardias y de que postrarse ante la innovación como principio estético es agua pasada. Traza sus versos con los pigmentos de un mundo y desliza voces, ensoñaciones y condenas. Comenzó a publicar muy joven y las dos antologías canónicas del panorama literario español de la segunda mitad del siglo XX incluyen sus versos. *Nueve novísimos poetas españoles* de José María Castellet, y *Poetas de los 70* de Mari Pepa Palomero, ambas de 1970, le dan cobijo y le prodigan juicios elogios como el que resalto de ésta última por su laconismo: "estamos ante una obra poética sólida, muy elaborada, y de lectura inquietante y sobrecogedora". Panero tenía veintidós años.

Su poesía es una seña de identidad. A cada libro corresponde una sorpresa y un delirio. Si no puedes comprender la Vida, la Realidad o la Verdad, destrúyelas. Aparente puerta falsa, Panero hace de esa ruindad un impulso frente a la modorra de la experiencia urbana. Sus poemas son un tránsito en fragmentos de precisión formal. En sus libros hay agresión, sueño, incomodidad y, para muchos, irritación. Su lectura no es una bocanada de aire fresco, sino una inmersión a los fangos de las preguntas que jamás pudimos contestar. Confiesa: "no creo en la poesía amorosa porque no creo en la poesía caritativa", y remata: "ni siquiera creo en la vida".

Panero es un poeta para oídos selectos. Y *selectos* no significa ilustrados o elitistas, sino más bien apropiados, destinados o convenientes. Su estirpe de poeta se extiende a Novalis, Hörderlin, Blake y De Vigny. Las paternidades intelectuales son translúcidas y Panero no hace nada por intentar maquillarlas. Lacan, Sade, Rimbaud y Byron desfilan en su obra y se integran con una naturalidad artificiosa. La locura delirante, las formas soterradas de la asfixia intelectual, el arbitrio constipado y el simbolismo como base poética, se conjugan para dar nacimiento a una voz reconocible, un estilo patente y una personalidad magnética. La escatología tiene apenas arraigo en la tradición hispánica. Con la excepción de Quevedo, la incursión es marginal y contingente. Panero en el *Himno a Belcebú*:

> *Ah, toro del silencio*
>
> *que azotas mi rostro con tu verga*
>
> *que rezas sin labios*
>
> *las sílabas del espanto*

Más adelante, en otro poema titulado *Abra cadavre*, incluido en el mismo poemario, pontifica glorificando:

> *oh perfecta blancura del diablo*
>
> *señor de la mierda y de la muerte.*

George Steiner: las pasiones y la crítica

El ejercicio de la crítica nunca ha sido bien recibido. Sea literaria, moral o de cualquier otra índole, cuestionar ideas preconcebidas genera murmuraciones. La eterna sospecha de que el crítico es un "escritor malogrado" impregna de tal modo su labor, que se tiene por sentado que cualquier escrito suyo será un lance rencoroso contra quienes han conseguido crear una obra perdurable.

Julio Torri da cuenta de esa perversión en "La humildad premiada", en *De fusilamientos* (1964): "En una Universidad poco renombrada había un profesor pequeño de cuerpo, rubicundo, tartamudo, que como carecía por completo de ideas propias era muy estimado en sociedad y tenía ante sí brillante porvenir en la crítica literaria". Esa aura de prejuicio ha seguido a los críticos a lo largo de la historia. Sin embargo, su labor nutre un entorno cultural, pues aporta otra perspectiva y cuando es necesario arriesga libelos para estimular el debate. Incluso en la condena y el grito, la crítica actúa sobre los contenidos.

Roland Barthes señaló que el siglo XX fue "el de la crítica de la crítica". La serpiente que se muerde la cola. El acto de comentar algún texto literario ha quedado trascendido por la tentativa de explicar lo que significa su creación. La crítica experimentó un giro que descompuso su modo histórico de enunciarse. Las diferentes escuelas críticas (Lukács, la estilística, el Círculo de Praga) vieron sobrepasadas sus tentativas, y se llegó al punto de no enjuiciar a las obras como una unidad de sentido, sino como *textos*, cual si fuesen fórmulas de significación.

El estructuralismo con sus derivados de programas ideológicos (Marx, Freud, Nietzsche, Saussure, etc.), no sólo logró llamar la atención sobre la importancia del lenguaje en el conocimiento de la realidad. Emprendió la crítica de los lineamientos prestablecidos para la valoración de los accidentes fenomenológicos. A pesar de ciertas afectaciones teóricas más ampulosas que originales, y su prosa que concluye desconcertante y hasta ilegible (los *Seminarios* de Lacan), el aporte de su tarea es imperdible. Sus contribuciones han permeado la cotidianeidad, y no pocas de sus ideas se han vuelto lugares comunes.

George Steiner (1929), a pesar de ser contemporáneo de los estructuralistas, se apartó de sus hallazgos para construir aplicaciones teóricas más asequibles al lector. En principio, su trayecto de vida es un muestrario de la errancia forzada que motivaron los hechos bélicos del siglo pasado. Steiner nació en París de padres judíos austriacos y emigró a los Estados Unidos, donde ha ejercido la docencia. Ese origen es un factor clave para comprender su obra. Su trilingüismo (alemán, francés, inglés), lo aproximó a los misterios de la comunicación y de la traducción, y le permitió adentrarse en diversas tradiciones literarias. Steiner concluye como una mezcla feliz de la asimilación cultural. Alejado de los intelectuales franceses de la posguerra, aprendió lo mejor de cada uno para emprender una crítica del mundo a través de una institución capital: el lenguaje, uno de los protagonistas más significativos en la vida intelectual del siglo XX.

Los existencialistas lo desdeñaron para concentrarse en el cambio social. La intelectualización del lenguaje, como un lugar central en la filosofía, gana fuerza con Ludwig Wittgenstein (1889-1951), autor de la filosofía analítica, un programa filosófico desbordante y atribulado. Mientras París se concentraba en meditar cómo dirigir con éxito la revolución y adoctrinar mejor a las masas, en otros lugares se reflexionaba sobre cuál era el sentido del lenguaje y, si era posible, calcular el alcance comunicativo de las palabras en una entidad comunitaria.

Steiner, a pesar de vivir y enseñar Lengua Inglesa y Literatura Comparada en Estados Unidos, siguió con atención el fervor intelectual de la vida francesa. En *Errata: el examen de una vida* (1997) refiere parte de esa excursión a la obra de sus contemporáneos. Como cualquier otro joven que se formaba, gozaba del jazz, los encuentros poéticos, la lectura fervorosa y secreta del primer Borges. Pero cuando se publica *Extraterritorial. Ensayos sobre literatura y la revolución lingüística* (1968), que delimita las fronteras de su búsqueda, hace una declaración que podría ser el eje de su obra: "el hombre es un *zoon phonanta*, un animal que habla. Y no hay otro como él". Este énfasis en las capacidades verbales del ser humano, sugiere la que será la ruta de viaje de su labor: el hombre, al hablar, emite señales con significado y éstas constituyen el límite de su realidad.

Es ahí en donde se engarza la función de su ejercicio crítico: no "desentrañar" ni fijar sentidos, sino aproximar el sentido de una significación, el cual admitirá variaciones. Entre las palabras y la realidad hay una brecha. Foucault lo refiere en *Las palabras y las cosas* (1966), y lo extiende al resto de las ciencias humanas. Una dicotomía que se expresa en que el ser humano ha perdido la certidumbre de su interpretación del mundo. El lenguaje sufrió una fisura y acaso es irreparable. La experiencia comunitaria es una memoria de tiempos antiguos. Al crítico no le corresponde regenerar ese sentido ni formular otro, sino idear una aproximación al entorno.

George Steiner se aleja de otros críticos contemporáneos, como Harold Bloom, por su afán universalista. Sus preocupaciones trascienden a las del crítico norteamericano, para quien cualquier manifestación literaria moderna es deudora de Shakespeare. Steiner lo mismo puede abordar el problema del lenguaje de las abejas o los delfines, que el carácter apesumbrado de Tolstói. La crítica de las costumbres se enlaza con la crítica literaria, y el producto es una meditación sobre las formas del mundo. Steiner rehusaría la elaboración de una obra como *El canon occidental* (1994), pues integrar un listado ejerce un juicio de calidad y no permite el ejercicio libre de la intuición en la selección de los materiales.

Otro mérito a destacar del autor de *Presencias reales* (1989) es el de ser un puente humanístico, ya que su conocimiento de la cultura europea, aunado a su experiencia en el mundo norteamericano, lo hicieron reflexionar sobre la trasplantación cultural. En *Los archivos del Edén* indaga sobre la naturaleza histórica de Estados Unidos y concluye que Europa ha generado pensadores que en América aún no han podido germinar. La cultura norteamericana tiene gran capacidad de entendimiento, aunque poseen una categoría inevitable: son producto de un trasplante.

Es de agradecerse en sus obras la legibilidad, el estilo diáfano. Steiner logra que el lector, más que admirar boquiabierto sus hallazgos, se integre a la búsqueda y extraiga algo para sí. Sabe que la función del crítico no es ilustrar lo incomprensible, sino hacer perceptible la creación y sus aristas. Así, debido a la claridad, su pensamiento se aparta de los estructuralistas. Steiner abre caminos y reordena los que ya existen para jamás terminar con una afirmación inapelable. Está convencido que la Última Verdad no se aparece en las excursiones del crítico. En su trayectoria intelectual es palpable un tránsito hacia lo comprensible, y se aparta del gueto academicista para hablarle a sus lectores. De tal suerte que el acento formalista de *La muerte de la tragedia* (1961) contrasta con el rostro afable de *Pasión intacta* (1996).

Wittgenstein afirmó que los límites de nuestro lenguaje son los límites de nuestra realidad. Nuestro conocimiento se ampliará o reducirá según la capacidad intelectiva que poseamos para designar al mundo. Es un acto de demiurgos. Dios creó al mundo con palabras. Ejemplos: (i) "En el principio era el verbo..." y (ii) "Y Dios dijo: hágase la luz y se hizo la luz..." Lo que no podemos nombrar no existe, carece de corporalidad y conceptualización. En ese recorrido en busca de la palabra, cada quien traza el esquema de sus antecesores e influencias. Steiner, en cada obra, enuncia a sus principales maestros: Kafka, a quien dedicó ensayos de interpretación; Heiddeger, de cuyo pensamiento integró una monografía; Kierkegaard, un pensador más bien excéntrico, y otros más. La palabra se nutre de la experiencia y el contacto con la realidad. La intuición, desprovista de potencialidad compartida, termina en artificio.

Steiner es uno de los últimos pensadores que

han dedicado incontables horas a buscar sentidos e interpretaciones, mientras se hace nuevas preguntas. Sus obras son una indagación a fondo de los mecanismos del intelecto. *Nostalgia del absoluto* (1974) no evade la crítica de la órbita política. Aunque está lejos de ser el intelectual que opina a granel, no le son indiferentes la informática, el arte contemporáneo o los experimentos de la narrativa. Steiner, en materia política, se define: "Me considero un anarquista platónico. No una papeleta electoral". El ejercicio de la individualidad antecede a la pertenencia societaria. Esa distancia crítica de cualquier certeza ideológica hace que sus lectores busquen en él a un cuestionador profesional. Su especialidad es la de ser un curador de la "cultura", un término que pierde claridad día con día. Steiner propone *En el castillo de Barbazul* (1971), un análisis de su decadencia y elementos para su reconstrucción.

Sus preocupaciones lo llevan de la filosofía del lenguaje a los escritores que abandonaron su lengua para escribir en otra, y de las posibilidades de la poesía a la necesidad de leer con pasión. Todo con un hilo conductor: el lenguaje. La forma de su crítica termina higiénica. En su calidad de judío no se permitió condenar las obras de Céline, a pesar de que éste fue partidario del antisemitismo. Steiner las explora y lee con atención. Pasa de largo ante la condena fácil, la adjetivación ofensiva, el desechamiento tácito. Su ejercicio de crítica está planeado para ser un diálogo, no la imposición de un monólogo —por más ilustrado que pueda ser—. La experiencia del siglo XX dejó clara la necesidad de sembrar la cultura del coloquio, de la tolerancia. Y eso es lo que hace Steiner: poner a conversar a sus actores.

Esa calidad de puente es visible en *Después de Babel* (1975), que aborda los misterios de la traducción. Sin intercambios, las civilizaciones mueren. Traducir una obra introduce otros valores en una cultura. Es la vivencia de la otredad a través de las obras. Los valores se desecharán o se adaptarán, pero lo que interesa es que se conozcan y difundan. Steiner, lejos de las predicciones fatalistas que hiciera Spengler en *La decadencia de Occidente* (1918-1922), apuesta por sus hallazgos más notables. No cierra los ojos ante la maldad y el odio que es capaz de albergar el hombre, pero al lado de esas acciones oprobiosas, también figuran las creaciones más elevadas de la humanidad: el arte.

Steiner pasó su juventud en las aulas —sin méritos, según refiere en *Errata*— y se inició joven en la docencia. No fue a la guerra, y por tanto no vivió las angustias del frente y el pelotón. Su experiencia fue la del testigo y espectador adolorido. A la barbarie, opone el pensamiento, el sentido común. No es, empero, un racionalista. Su obra no está cifrada en un apostolado crítico. Sabe que existe la irracionalidad que habita el alma humana. Pero, con todo, en sus obras hay optimismo. El análisis crítico del pensamiento no tiene límites. Cada obra aporta, propone, destrenza los nudos.

La recepción entusiasta que tiene su obra crítica en los países de habla hispana demuestra aseo intelectual. Su labor se difunde y las traducciones de sus obras se consiguen en ejemplares accesibles. El ejercicio de la crítica se reposiciona no sólo como un empeño plausible, sino también como un arte noble. Cada uno de sus ensayos es una puerta de entrada y Steiner nos recibe con hospitalidad. Un pensador, consciente de su función, tiene una misión fecundadora y expansiva. La lectura de sus obras es una indagación necesaria para vislumbrar el alcance de la palabra escrita.

II. ATÍPICOS

Decían estar asistiendo a la llegada del desencanto. Pero
¡desde cuántos siglos atrás (había quienes hablaban
incluso de milenios) seguía sobreviviendo ese
desencanto! Y el mundo insistía, permanecía encantado.
Stirner cuenta cómo *debería* vivir su individuo
desencantado, y su ironía procede de comprobar que
dicho individuo no existe. Si pudiera existir, sería
clasificado por los científicos desencantados como una
supervivencia arcaica: mudo, violento, imprevisible,
proteico. Carente de identidad identificable. *Único*.

Roberto Calasso, *La ruina de Kasch*

Walser, Sebald y Vila-Matas

"Todo empieza en una hoja de papel. Luego salta a la
pantalla. Años atrás me aficioné a las plumas fuente.
Luego a los papeles cremosos de libretas artesanales. Es
raro que logre terminar alguna, ya que la felicidad
consiste en inaugurarlas. En marcar la primera página, a
la manera de la colonización de un territorio sin
nombre". Anotaba estas reflexiones durante la
presentación de un libro de Robert Walser: el último
volumen de los microgramas, esa enciclopedia dispersa
de escritura compacta y mimética de un caos personal.

La meditación avanzó de este modo: "con el
tiempo las libretas crecieron en número. A partir de su
material extraigo una línea o dos, y entonces la escritura

inicia su camino para dejar atrás la frontera del silencio. La voz llega desde un espacio remoto, que dicta con una timidez que asombra. Se abre camino a través de la turbulencia del mundo —esforzada por interrumpir la transmisión—, y procuro escuchar los balbuceos. Escribo en una caminata, en la librería o en una sala de juntas. Es ahí donde la frase se desdobla y cobra forma, la cual reclama después, cuando es necesario sentarse a redactar. Esta escritura, intimista, testaruda, es semejante a una gripa, que infecta durante el tiempo que tarde el exorcismo. No he dejado de comprar libretas. Tampoco las colecciono. Disfruto hallar alguna línea que me refleje, pasados los años. Espejo remoto de palabras".

Hasta aquí un primer fragmento, en que se abre una digresión sobre las cualidades insólitas de viajar en primera clase. Paso de largo. Luego, vuelve a las formas personales de la escritura caprichosa: "en esos titubeos, en las frases sin sentido, vislumbro que ya son varios años que la literatura me preocupa. Puede que no escriba —ha pasado más de una vez—, aunque esto no afecta mi interés por el registro, por la sonoridad de las palabras, por ver cómo fluyen, en ciertos entornos, las masas de sonidos. El diálogo con el lenguaje se hace en silencio o en la cantina, en un partido de billar o en una reunión familiar. Materia viva y organismo colectivo, sus contornos son imprecisos aunque también pueden ser jaulas. Inaugurar otra libreta me hace pensar que en esa vaciaré la idea germinal que parirá una obra irreprochable. No ha pasado, aunque ahí han nacido lo mismo relatos, artículos y notas de prensa, que la estructura de novelas o páginas de memorias. Las libretas funcionan como diario y a un tiempo como registro de la banalidad. Escribo a mano porque así me inicié cuando era un adolescente, y porque tengo la percepción de que la literatura así se escribe, sin importar si luego se materializa un texto en pantalla. Los atributos de la escritura manual me parecen indescifrables. Una sustancia imperceptible se desliza desde el cerebro a la mano, y quedan las huellas de esa intención literaria". Aquí termina el fragmento, que durmió por meses en una libreta.

Que haya sido Robert Walser (1878-1956) y no otro autor quien haya motivado este despliegue autobiográfico-escritural está lejos de ser casual. Lo rescato porque fue hasta ese momento, en que escuchaba las palabras del presentador, que caí en cuenta de que por años venía haciendo microgramas, de una manera inconsciente. Tiempo después de la presentación, acudí presuroso al armario para exhumar cientos de libretas ahogadas con caracteres ilegibles. Muchos, incluso para mí. Pocos aparecían fechados. Durante aquella presentación recordé la imagen de Walser sobre la nieve, en las fotos que captó la policía. Y si bien es común asociar la escritura con una caminata, no lo es pensar que se trama mejor un proyecto de escritura desde el encierro. Pero Walser se recluyó de manera voluntaria. Así lo refiere Carl Seelig. Aunque lo cierto es que no serán los microgramas por lo que será recordado el autor suizo, sino por sus novelas memorables —*El bandido* o *Jacob Von Gunten*—, y por su defensa apasionada del paseo y la mirada errante.

A paso lento, la obra del escritor suizo Robert Walser se traduce al español. Ya no es dominio sólo de lectores en lengua alemana —ni aún en inglés se encuentra traducida la obra completa. Ya es posible aventurar una cartografía personal de uno de los escritores secretos más enigmáticos del siglo XX. De su obra, lo mismo Kafka que Canetti, Musil o Walter Benjamin, se expresaron con entusiasmo e incluso le buscaron el espacio público que Walser jamás tuvo interés en hallar.

Nacido en Biel, Suiza, Walser nació en el seno de una familia numerosa sin mayor antecedente intelectual. Uno de sus hermanos, Karl, pintor de profesión, se integró al mundo del teatro diseñando escenarios e introdujo a Robert en la bohemia de Berlín, en donde éste se inició en el periodismo y publicó narrativa, ensayo y poesía. La literatura suiza y alemana lo acogieron de manera tímida y sin aspavientos, no obstante lo copioso de su obra. Walser era, al final, otra voz más en el panorama literario en lengua alemana. Además, las dos guerras emborronaron Europa central, quedando la literatura en último término. Su obra transita entre la viñeta exquisita, en apariencia inocente y la novela corta, muy del siglo XIX. Comentarios aislados de Kafka salvaron su obra del olvido y su nombre comenzó a circular entre los intelectuales centroeuropeos más importantes del siglo.

El paseo destella en el conjunto de su obra por su actualización de la figura del *flâneur*, paseante meditabundo que mientras camina analiza el entorno y detona giros poéticos o de tonalidad irónica. La trama de *El paseo* es un conjunto de impresiones que el propio Walser realizó durante sus caminatas. El autor salía sin destino aparente, pero conforme cruzaba calles y saludaba individuos, la materia de la realidad se complejiza y estalla en situaciones límite, que desmenuza a partir de recuerdos, ensoñaciones y hasta palpitaciones llegadas desde lo inexplicable. En conjunto, su obra es un mosaico de inspiración onírica.

La figura del paseante no fue un artificio literario, tal como refiere Carl Seeling en *Paseos con Robert Walser* (1957). Su tutor y amigo de sus últimos días, lo recogía del sanatorio de Waldau y juntos salían a realizar recorridos a pie en los Alpes, debajo de árboles y en caminos empedrados. Walser, lejos del mundo y de la fama literaria que empezó a gozar en los últimos años de su vida, dejó de escribir y se recluyó en un centro de atención mental. Su abandono de la escritura es uno de los grandes enigmas de la literatura, que se resume en una frase que refiere Seelig que le confesó Walser en un paseo: "Vine a [Waldau] estar loco, no a escribir". Y a partir de ahí, el silencio.

Walser ha dejado de ser lectura de capilla y se integra a la forma elíptica de la sensibilidad contemporánea. Lector entusiasta de Schiller y Gottfried Heller, personaje taciturno y solitario, enemigo del barullo y la plaza pública, Walser ha cosechado la admiración de autores como Susan Sontag y J. M. Coetzee, quienes han escrito ensayos respecto de su obra. La estética del paseante, de la sensibilidad portátil de los seres invisibles, de la pieza mínima labrada con pulcritud y decoro, logra en sus páginas alturas que se insertan en el centro de la literatura universal.

La traducción al español de la obra del autor suizo tiene su última parada en una reunión de escritura suelta llamada *Sueños*. Estos fragmentos, que se consideran escritos durante los años de su estancia en Biel (1913-1920), transitan del onirismo a la anécdota irónica. La prosa mínima de Walser consigna la tragedia del paso del tiempo y brotan líneas de recuerdo, ensoñaciones y maravillas. "Hace poco regresé a un paraje que he recorrido con frecuencia", refiere Walser —lo cual recuerda a *El paseo*—, y al hacerlo sugiere que la prosa es un motivo para iniciar un viaje, incluso si no se tiene destino.

Todo en Robert Walser es tránsito. Un ir *hacia*. En este caso, hacia las libretas. No me fue posible corroborar cómo escribía Walser, aunque estimo que en hojas de papel sueltas, acaso tamaño carta. Los caracteres de su escritura, eso sí, son pequeñísimos, casi ilegibles. Esto interesa porque su forma de escribir nos relevaría parte de su vida interior. W. G. Sebald (1943-2001), uno de sus lectores más decantados, se asoma a este proceso en *El paseante solitario*, un ensayo mínimo que vislumbra el perfil de un autor que pierde su forma en el espejo.

Sebald lo tiene todo para ser una leyenda: una muerte prematura, absurda y lamentable; una historia editorial accidentada, con inéditos que aparecen con regularidad y tienen guiños de ser apócrifos; lentitud entre sus reimpresiones no obstante la avidez de sus lectores. Además: un ramillete de opiniones políticas desorbitadas que lo colocan en la postura del adelantado y creador de escuela.

El autor alemán comparte con Robert Walser un método de escritura que resulta sorprendente por vaporoso y en sus páginas el lector nunca sabe bien a bien a lo que se enfrenta, a la manera de los microgramas. Incluso es posible sentir cómo el editor titubea al redactar las solapas y contraportadas, pues Sebald ya no desafía la disolución de géneros —que da por desaparecida desde hace siglos—, sino que elabora una escritura descontextualizada que brinca entre referentes sin aviso previo, y cuyo único esqueleto visible son las imágenes que tienen sus obras. El lector siente la convicción de entender el sentido de la narración porque determinada línea coincide con alguna imagen: nada más falso, aunque esta burla disimulada aparece después del trato frecuente con sus libros, que son extravagancias unidas por el deseo de narrar de modo interminable.

Los emigrados (1992) es un rescate de la memoria en cuatro tiempos, o cinco, si se cuenta el testimonio del propio Sebald, que aparece de manera lateral. El siglo XX, lo sabemos, fue el siglo del desarraigo y la errancia. Del nomadismo forzado. En cuatro historias individuales, vistas muy de cerca, con precisión algebraica, cabe la historia reciente de Alemania, acaso la más agitada del siglo que ya se fue. En la obra de Sebald, al igual que en la de Walser y más adelante en Enrique Vila-Matas, según se explica, tiene verificativo esa idea que postula que los escritores, a lo largo de toda su vida, escriben sólo un libro, espaciado en fragmentos, que serían las obras individuales.

Practíquese este ejercicio: después de leer *Vértigo* (1990), pasar a *Austerlitz* (2001), y de ahí, a *Los anillos de Saturno* (1995). O de reversa, da lo mismo. Se verá con claridad que la uniformidad de estilo —un lujo inalcanzable para demasiados autores que avanzan a empujones estilísticos, intentando todos los modos posibles—, así como el tratamiento de la materia literaria, organizan un fresco que sólo es comprensible desde un necesario punto de inflexión: la obra de Sebald es un tablero de ajedrez que sólo después de varias lecturas revela la lógica de sus casillas.

Cada vez parece más transparente que la memoria será "el tema de nuestro tiempo". O más bien su rescate y aseguramiento. Muchos coinciden en que los libros de Sebald tienen un denso hálito de tristeza que sólo se compensa con la alegría que es leer su obra y hallar alguna línea definitiva. Enemigo de la concesión en materia literaria, la autoexigencia de Sebald lo alejó de publicar temprano y acaso escribir más asiduamente. Fue un alma sombría con todo el peso del pasado. Por supuesto su influencia y modernidad no es un aspecto gratuito. Basta con ver su constelación de lecturas en esa recopilación de artículos y ensayos que es *Patria pútrida* (2005), y así entender el vigor de su narración. Schnitzler, Kafka, Roth, Thomas Bernhard, Peter Hanke, Hermann Broch o el propio Robert Walser, son algunos de los escritores con los que Sebald mantuvo una conversación silenciosa. Sin duda lo más musculoso de la literatura austriaca moderna.

Y es que, leído con atención, estos préstamos no pueden ocultarse: el estilo brutal, asfixiante y comprimido de Bernhard se une con los artefactos literarios impenetrables de Hanke y, al final, con la galantería de las mejores historias de Schnitzler. Pero cartografiar a un autor no revela el misterio de su escritura, menos aún si ya ganó autonomía y cuantiosos lectores, como es el caso de Sebald. Ante su obra, como ante cualquier otro escritor de talla fina, las divisiones son más que las adhesiones y no pocos creen que el uso de imágenes debilita el discurso literario, o que la escasa visibilidad del objeto narrado hace que sus palabras pierdan su consistencia. Sebald: narrar desde el fondo de la nada. Para el caso hispanoamericano, ya es posible encontrar algunos ecos de sus libros en autores jóvenes, que toman el rigor que Sebald ofrece en cada página para moldearlo en pequeñas piezas que sientan un precedente como apuesta por un aire nuevo.

El autor de *Los anillos de Saturno* jamás negó la influencia que Walser ejerció en su propia escritura y para muestra figura *El paseante solitario*, en donde Sebald analiza la vida y obra del escritor suizo. Ese ejercicio de crítica literaria, más sentimental que analítico, gravita alrededor de la persecución que hace Walser de la desaparición, misma que Vila-Matas relata en *Doctor Pasavento*. Sin detenerse en el episodio del hallazgo de su cuerpo, en medio de la nieve, llama la atención a Sebald la pasión de Walser por la caminata y por cavilar durante el paseo. Sebald sugiere que Walser encarna la tipología del escritor con alma divagante, incapaz de permanecer en su asiento.

Por su parte, la obra de Enrique Vila-Matas, en especial aquélla que él mismo ha designado como "ficción radical", se emparenta con este deambuleo entre libros, estantes y autores estrambóticos y acaso inexistentes. Sobresale *Doctor Pasavento* por adoptar la figura de Robert Walser como tutor de un viaje narrativo. Pero lo cierto es que son varios los libros que tienen filiación walseriana. Enuncio algunos: *Bartleby el escribiente*, *El mal de Montano*, *París no se acaba nunca*, *El viajero más lento* y la inclasificable *Historia abreviada de la literatura portátil*.

Vila-Matas se ha propuesto crear una narrativa zigzagueante, a ratos elíptica, cruzada por ironías finísimas y bromas eruditas para el enterado. En su obra, la errancia walseriana se transforma es un salto continuo entre libros, citas apócrifas o verdaderas —quién sino él podría hacer la distinción—, que llevan al lector de un lado a otro, en medio de una estancia en apariencia cerrada. Este gusto por el juego impide que sus libros se lean con pesadez. Aleja la sensación de asfixia a través de una dinámica constante que obliga al lector a volver sobre lo leído. *Doctor Pasavento* es un libro homenaje a la figura de Robert Walser y una de sus coordenadas más visibles es la desaparición del escritor, su transformación en lenguaje para ser descifrado, a la manera de los microgramas. Pero la lógica de su estructura es la de un narrador, más que la de un tratadista en forma, y el libro se lee desde una perspectiva de ficción. La obra entera de Vila-Matas es walseriana en el mejor sentido del término.

"Se me puede definir como un lector que escribe", refiere el catalán a Juan Villoro, en *Café con shandy*. Y remata: "siempre que leo tiendo a ser un crítico literario de aquello que estoy leyendo. Siempre me he considerado un escritor que es al mismo tiempo un crítico literario". Esta visión de doble vertiente inunda su obra, que bebe directo de la erudición ficticia. Al fin, la lectura de Vila-Matas avanza como un paseo y se complejiza según avanza en la construcción de su obra. De manera cervantina, libros anteriores aparecen citados en los más recientes, como si fuesen escritos por autores fantasmales. "La paciencia es el diálogo del santo y el caminante", leo en un proverbio croata. Guardo la sospecha de que Vila-Matas escribe en cuadernos de una manera compulsiva. O que lo hizo durante la presentación de un libro que tiempo después motivó la escritura de un ensayo, aunque ignoro si fue caminando.

Viajar y Sergio Pitol

El itinerario de un lector está gobernado por el azar y la tiranía de lo casual. Nada más entrar a una librería o a una biblioteca, un mundo inusitado de textos e imágenes se despliega e inicia un viaje de papel. En el prólogo que Alfonso Reyes escribió para su traducción del *Viaje sentimental por Francia e Italia* (1768), de Lawrence Sterne, consignó un descubrimiento que resultaría capital algunos años después para la novela moderna: "Sterne aborda la novela con un ánimo francamente revolucionario y romántico. Crea la novela-ensayo". Las palabras de Reyes, en pleno auge del Ateneo, pasaron desapercibidas en los oídos de sus contemporáneos y la modernidad de la hibridación de géneros se asumió como una opción más bien caprichosa. Nada como el modelo clásico de la unidad aristotélica para autores más cercanos a Horacio y Goethe, que a Byron, Keats o cualquier otro autor atento a la intuición personalísima. Tendrían que pasar algunas décadas antes de que las vanguardias literarias, encarnadas en los hallazgos de James Joyce o Marcel Schwob, entre otros, surtieran efecto en la relaboración de la novelística clásica. Aquí Reyes sobre Sterne: "La trayectoria de su vida está llena de saltos, idas y venidas imprevistas, como la línea de su pensamiento sinuoso, libérrimo y lleno de sorpresas". Palabras que parecen escritas para Sergio Pitol (1933).

La figura del escritor-viajero es una tradición milenaria en la literatura universal. Pareciera que el paseo tiene un componente asociado a la reflexión y al conocimiento de uno mismo. Su cualidad esencial es que con las armas del lenguaje se desdobla una constelación de tribulaciones y enigmas personales: el viajero, en contacto con los otros y ante la geografía de un paisaje ignoto, no puede sino meditar sobre su propia condición de ser humano. Se piensa en Pitol como un viajero, como un maestro infatigable del tránsito y la movilidad. Llega a la mente uno de los ensayos más entrañables que se hayan escrito sobre el arte del viaje, *Dar un paseo*, de William Hazlitt (1778-1830), en donde su autor dejó escrito con precisión las posibilidades creativas de la movilidad geográfica en amalgama con las potencialidades angélicas de la lírica o el pensamiento. Escribe: "Denme un claro azul del cielo sobre la cabeza y el prado verde bajo mis pies, un camino sinuoso y una caminata de tres horas antes de cenar... ¡y luego a pensar!". La fértil combinación entre actividad física moderada y creación intelectual no es exclusiva de la actividad literaria. Recordar que los peripatéticos caminaban durante horas mientras tramaban tesis de filosofía.

La fascinación por la narrativa de Sergio Pitol deriva de esa pasión por el viaje, cifrada en su obra. Antonio Tabucchi, en el prólogo que escribió para *Tríptico del Carnaval* lo consigna así: "nosotros, automovilistas casuales [en la autopista de la lectura] que no buscamos la «verdad» en una novela, sino solamente un compañero de viaje, nos alegraremos de no haber seguido la señal obligatoria del código de circulación y de haber encontrado a Sergio Pitol". Para Tabucchi el autor veracruzano es un guía que con sus ficciones presenta al mundo y lo decora con un lenguaje mesurado y sutil. Surge entonces la pregunta: ¿la consideración de Pitol como "compañero de viaje" o como "escritor-viajero" le resultan limitantes? De ningún modo: la vida, contemplada como viaje o aventura, jamás perderá vigencia y su frescura sobrevivirá por generaciones. Lo mismo sucederá con los textos de Pitol, pautas impecables de nuestro tránsito por este mundo casual, enrevesado y a ratos incluso diabólico.

Se lee en *El arte de la fuga* (1997) lo que es dable entender como el resumen de una experiencia vital y un esfuerzo de síntesis de su arte narrativo: "¡Viajar y escribir! Actividades ambas marcadas por el azar; el viajero, el escritor, sólo tendrán la certeza de la partida. Ninguno de ellos sabrá lo que ocurrirá en el trayecto, menos aun lo que le deparará el destino al regresar a su Ítaca personal". Esto es lo que sucede en las novelas de Pitol, en donde todo parece ser una trama convencional en la que los personajes deberán actuar de cierta forma, y la historia, por el ingenio del autor, se transforma en un enredo de suspicacias.

Una lectura reciente de *El arte de la fuga* me dejó otra frase, esta vez de Henry James, que Pitol emplea a lo largo de sus páginas. En ocasiones está citada de manera expresa; en otras, está pasada por el filtro de sus afectos personales. Cita Pitol a James: "La novela en su definición más amplia no es sino una impresión personal y directa de la vida", y Pitol la reconstruye con su propia visión del hecho literario: "Escribir ha sido para mí dejar un testimonio personal de la constante mutación del mundo". La unión entre ambas declaraciones parece evidente, no así la motivación y efectos de las mismas: ¿debemos creer lo que cuenta Pitol en sus novelas? ¿Es verídica su narración: sus años en el servicio exterior, las cenas galantes con altos funcionarios, las dificultades de ser un traductor nómada y esperar anhelante el cheque para atender dolencias médicas? Desde una perspectiva historicista puede suponerse que son verídicas, pero desde la perspectiva del producto novelado: ¿hay que exigir apego a la vivencia autobiográfica o, a la manera borgeana, disfrutar la lectura de sus obras? Tabucchi responde, de manera indirecta en el prólogo que cito arriba: "Querido Sergio Pitol, lo siento, pero declaro públicamente que desconfío de ti".

El viaje (2001) compendia lo mejor de la producción pitoliana: una suma. En sus páginas se concreta una afortunada hibridación de géneros, al tiempo que se tributa una de las literaturas más cálidas que Pitol conoce y tradujo a lo largo de su vida: la rusa. Pero la experiencia del tránsito como potencia literaria aparece desde los albores de la poesía épica, lo cual equivale a decir que existe desde el comienzo mismo de la creación literaria. ¿Qué son la *Ilíada* y la *Odisea* sino travesías para lograr la restitución del equilibrio cósmico, cuyo desorden fue provocado por hombres esclavos de pasiones abrasivas? ¿Qué es la *Comedia* sino el recorrido de un ser humano con un guía excepcional por toda la escatología cristiana del castigo y el perdón?

El siglo XX tuvo un *revival* en la pasión literaria por el viaje y por las meditaciones que se desprenden de la aventura. Y pienso en *El paseo* (1917) de Robert Walser, uno de las obras más apasionantes y conmovedoras de la literatura alemana. Walser es una mirada que bordea los límites del mundo y, cual Marco Polo del mundo, hace anotaciones y matiza la vivencia de lo que no tiene mayor valor literario ante los ojos de los demás: un páramo, un árbol deshojado, la vecina o la disposición caótica de las avenidas y coladeras que pueblan las grandes ciudades.

Pero al lado de Walser es necesario citar el caso

de otro escritor cautivado por el viaje: el holandés Cees Noteboom, quien no sólo es contemporáneo de Pitol (nació en 1933), sino que cultiva con igual ingenio ese ejercicio que pocos han logrado, esto es, observar el mundo para dar un testimonio de ese elemento que ya parece lejano en el tiempo: la vivencia humana en el momento en que es puesta frente a la extrañeza de un mundo que sólo en apariencia es suyo. *Hotel Nómada* y *El desvío a Santiago* funcionan como un escaparate para ver cómo la pasión por el viaje no sólo se resiste a desaparecer, sino que cuenta con lectores ansiosos de echarse la mochila a cuestas.

Se le puede estar de mil modos agradecido a Sergio Pitol: por un lado sus novelas, por otro sus traducciones, que no son pocas. Que nos lleve de viaje a las lenguas que sabe, que conoció y tradujo con pericia; que realice más antologías del cuento, del ensayo, de la novela. En fin, que comparta, que se extienda, que nos implique en la elaboración de sus notas, sus cuentos y su conocida pasión por la trama. Vuelvo a Reyes y a su prólogo sobre Sterne y encuentro una definición sobre los libros de Sterne que no puede sino estar pensada para Pitol: "Lleno de sorpresas".

Cólera de Thomas Bernhard

La literatura de Austria aún está por descubrirse en los países de habla hispana. A pesar de que algunos de sus autores del siglo diecinueve y veinte comienzan a circular —Schnitzler, Kraus, Handke, Zweig, Trakl, Broch, Musil—, otros más siguen en la sombra esperando una presentación. La concesión del Nobel a Elfriede Jelinek

(1946) es un intento por reconocer a una de las fuentes imprescindibles de la literatura universal: la lengua alemana. En ese concierto de autores que no han sido del todo integrados al conocimiento generalizado resalta Thomas Bernhard (1931-1989), uno de los escritores contemporáneos que sigue estimulando la búsqueda del estilo, y quien ha sido acaso el escritor más incómodo de la Austria contemporánea. En su caso, trasgresión y memoria son actos recíprocos.

Bernhard, al igual que varios escritores de su generación, comenzó escribiendo poesía para luego transformarse en novelista y dramaturgo. Su narrativa apenas circula en el medio editorial hispánico. Debemos a Miguel Sáenz no sólo la única biografía en español del autor austriaco —a quien trató en lo personal—, sino también la traducción de sus obras. Esto no es mérito menor pues quien haya podido acercarse a los libros de Bernhard, sabrá que ni siquiera su lectura es un ejercicio sencillo. Las frases se abren, muestran facetas inusitadas y se alargan por seis o siete páginas para desconcierto de sus lectores. Aquí una muestra de *La calera* (1984):

Una persona oye y ve o una persona oye o una persona ve o no oye ni ve o no oye o no ve y no se puede enseñar a nadie a oír y ver, pero el que oye y ve puede perfeccionar su oído y su vista, y durante toda mi vida lo he intentado siempre todo para perfeccionar mi oído y mi vista, sobre todo para perfeccionar mi oído, porque más importante que lo que una persona ve, decía, es lo que una persona oye.

La clave del fragmento está en la palabra *decía*. La trama en sus novelas gira alrededor del relato de una voz que abre frases, narraciones secundarias y profusas digresiones que desorientan al lector distraído. Este procedimiento retórico, más que trampas gratuitas para deslumbrar, se presenta como una necesidad en un autor que lo utiliza y que acaso no conoce otra forma de generar el texto: la libertad creativa no se detiene ante restricciones y la diversidad idiomática toma el control. Las frases se abren de manera interminable y el lector se pierde entre los múltiples sujetos que vertebran las acciones que se relatan. La forma de narrar de Bernhard tuvo sus repercusiones en la literatura alemana, y no es difícil hallar procedimientos semejantes en W.G. Sebald, conocido por utilizar pocos puntos y aparte en sus historias, así como por agregar material gráfico a sus libros.

La concesión del Nobel a Jelinek sirvió para que la autora resaltara sus malas relaciones con el Estado austriaco. Bernhard enfrentó la misma fricción que ella con las instancias gubernamentales. Es célebre la disposición testamentaria en la que pidió que no se representaran sus obras en Austria. De las novelas que pueden encontrarse en español y que funcionan como entrada a su mundo narrativo, sobresalen *Helada* (1964), *Trastorno* (1967), *La calera* (1970), *Corrección* (1975), *Los comebarato* y *El malogrado* (1983). Además de estas novelas es indispensable su ciclo autobiográfico: *El origen* (1975), *El sótano* (1976), *El aliento* (1978), *El frío* (1981) y *Un niño* (1982). En estos cinco libros, que pueden leerse como novelas, Bernhard recuerda su infancia. Es la historia de un niño enfermizo que, a diferencia de otros niños que con la edad cambian de perspectiva, permaneció idéntico hasta su muerte. Debido a este énfasis, la crítica refiere a la enfermedad como uno de los centros de sus preocupaciones.

Poeta de la enfermedad y escritor sacralizante del exceso, Bernhard escribió un libro toda su vida: el de un hombre que, en su fragilidad insuperable, busca el sentido de su existencia en ese mismo elemento que lo mantiene postrado. Ese aspecto patético que gira alrededor de sus creaciones, no sólo lo acerca a un romanticismo tardío o un malditismo exacerbado sino que, muy a su pesar, el autor austriaco es considerado de culto o hasta un escritor para escritores. Los lectores que lo frecuentan son un puñado, pero le son fieles a los laberintos de sus novelas.

Además de la biografía de Sáenz, otro libro resulta fundamental ahondar en la obra del austriaco: las *Conversaciones con Thomas Bernhard*, en donde el autor de *Trastorno* (1967) le confiesa a Kurt Hofmann algunos secretos y no pocas declaraciones ardientes ("Dos veces me ofrecieron el Nobel y dos veces los mandé al diablo...", etc.) Bernhard fue un escritor consciente de sus logros en la literatura austriaca y, temeroso de la momificación que genera la fama, se dedicó a falsear datos de su vida y su obra. Sáenz los rastrea, minucioso y paciente, y en cosas tan elementales como una cita de Heidegger, intercalada en el texto o sus recuerdos sobre su madre, su traductor muestra los errores, voluntarios e involuntarios, los enigmas y hasta las pistas falsas. Bernhard no resistió la tentación de llenarle de piedras el camino a sus biógrafos.

Las novelas de Bernhard requieren de una lectura minuciosa y reflexiva. Sus lectores están peleados con la vanidad de leer con rapidez y apilar los libros leídos como si fuesen artículos desechables. Una sola página de sus novelas es una aventura. La primera pregunta que salta al lector: ¿quién es el narrador? Otra: ¿quién inicia la historia y quién la termina? Nunca es el mismo personaje, como tampoco será el mismo el lector. El despliegue delirante de frases se une al uso de la repetición para lograr un efecto vertiginoso. Si la narrativa de Bernhard no es capaz de llevar al límite de las emociones, con un pie en el precipicio y el otro en una nube frágil, entonces no se está leyendo a Bernhard, sino quizá a Tom Clancy o a Tom Sharpe. Pasión imaginativa y trasgresión intercambian sus variables.

A la creación de un aparato descriptivo trenzado se alía la pasión por edificar atmósferas opresivas: el lector puede caer fulminado o avanzar entre las líneas, pero no queda indiferente. Sus novelas son libros enormes, aun con su delgadez aparente: síntesis y barroquismo, delirio y mesura. Cuidadas estructuras polifónicas se cruzan con la fragancia del delirio. Autor de la pesadilla: ni condescendencias, ni trivialidades. Bernhard es abrasivo y arrollador. Sus obras de teatro más conocidas: *El ignorante y el demente* (1972), *La partida de caza*, *La fuerza de la costumbre* (1974) y *El reformador del mundo* (1979). Después de sus primeras incursiones en la dramaturgia con una obra como *Una fiesta para Boris* (1970), la crítica austriaca comenzó a asociar su nombre y el de su contemporáneo, Peter Handke, con el "Teatro de la nueva subjetividad" (*Theater der neuen Subjektivität*), una renovada concepción estilística y dramática en donde la ironía y los monólogos tienen un sitio central para lograr un sacudimiento en los espectadores.

La exaltación del individualismo es la norma y la

colectividad una nota tangencial que no genera contratiempos en la obra. Dice Bernhard respecto a la confección de sus aficiones histriónicas: "En primer lugar escribo para los actores; en segundo, para mí; y en tercero, lo que es también interesante, para la gente que lo ve". Así, la composición teatral se vuelve un acto del más abstracto aislamiento y en donde no participa ninguna otra pasión como no sea la del propio autor de la puesta en escena. Bernhard es deudor de Ionesco —sobre todo del más recalcitrante: *El rinoceronte*—, Pirandello y Beckett, pero su ingenio hace que las obras ganen individualidad, para lograr que sus personajes sean las almas en pena anhelantes del dolor que llega de la aniquilación final, de la angustia venidera. Bernhard fue un escritor comprometido y lo fue desde una perspectiva atípica: nada de marxismos ni teorías fraternales de la clase trabajadora, su solidaridad estaba ligada al anhelo destructivo de las instituciones y sus títeres. A pesar de no haberlo confesado, Bernhard se acerca al anarquismo, pues su independencia fue radical. Cada línea suya postula otra concepción de la realidad, critica la existente y propone derribarla sin miramientos.

En el primer acercamiento a cualquier obra teatral de Bernhard, el lector no puede pasar por alto los afanes vanguardistas y renovadores de la dramaturgia contemporánea. Desde la disposición tipográfica, que prescinde de la estructura ordenada y puntillosa del teatro tradicional, hasta la eliminación casi total de *apartes*, Bernhard se propone no sólo la relaboración de un discurso que estimó necesario renovar, y cada obra es una aventura en todo sentido: formal, estilístico y argumental. Escribe Sáenz en el prólogo a *El teatrero*: "se podría buscar en ellas [sus obras] una evolución, pero sería un ejercicio retórico, porque el teatro de

Bernhard no evoluciona realmente". No hay hallazgo y valoración posterior: hay arrojo y caída libre: cada trabajo es un esfuerzo irrepetible. Al final, la epopeya no sólo la vive el espectador o el lector, sino el mismo Bernhard que busca no repetirse. "Toda enfermedad es una enfermedad de la inmovilidad", dice uno de sus personajes y ahí el autor austriaco encontró la veta en la que grabó su nombre en la historia literaria.

Así, Bernhard es un autor que continúa emitiendo sentidos. Cualquier intento de comprensión de la literatura moderna, sin una aproximación a su trabajo, será fragmentaria. No obstante esto requiere de un esfuerzo que pocos lectores están decididos a realizar: Bernhard es decisión, ímpetu y tenacidad. Lo mismo sucede con Joyce o con Faulkner: son constelaciones que requieren de telescopios potentes. El arriesgue toma tiempo, pero los frutos son explosivos: sin la aportación del autor austriaco, la literatura sería un cómodo sillón en donde contar historias frente a la chimenea, más que la aventura del espíritu que intenta ser.

Los moralistas cristianos, en su infinita sabiduría, concibieron que las palabras pueden corromper el alma y generar vicios: no se equivocaron y este autor reclama su lugar en primera línea en este pasaje del arte delicado a la movilidad y el tránsito espiritual.

Matvejevíc entre nosotros

La caída del muro de Berlín y el posterior desmembramiento de la Unión Soviética, atrajeron de tal modo la atención mundial que aún hoy, a más de veinte años de distancia, es posible afirmar que ese asombro continúa vigente. Las escenas de miles de alemanes derribando fragmentos de muro con martillos y de mujeres explotando en mares de llanto, se transmiten con rigor en cuanta conmemoración se realiza para medios televisivos. Los hechos forman parte de uno de los acontecimientos históricos más importantes del siglo XX: una reconfiguración de la geopolítica mundial como no se había visto desde que los países europeos firmaron la paz de Westfalia en 1648.

Durante los años de la Guerra Fría los dos bandos contendientes se acusaron uno a otro de las atrocidades más desvergonzadas. Para el caso occidental, no faltó quien siguiera el ejemplo de André Gide con el *Regreso de la URSS* (1936), y se aventurara al corazón del mundo soviético con cuaderno y lápiz en mano, para dar cuenta de lo que sucedía al otro lado del hemisferio. Y hubo otros, con menor suerte financiera, que tuvieron que conformarse con llegar a La Habana, fotografiarse en el Malecón y hacer la canónica escala en los museos que el régimen ha prodigado para memoria de sus héroes. Publicaciones de la más ínfima calidad dieron espacio a esos testimonios, que fueron el regodeo económico de editores y viajeros profesionales. Esta parafernalia mediática del embuste —que sigue reinando de varias formas— tuvo consecuencias desastrosas a largo plazo: por una parte, suponer que sólo la población rusa había soportado una dictadura infame, y que sus artistas fueron los únicos creadores perseguidos del siglo; por otra, una súbita proliferación de artistas que llegaron a los Estados Unidos para dejar atrás la austeridad socialista.

La epopeya de Vladimir Nabokov (1899-1977)

ilustra a la perfección este paradigma de errancia, aunque su talento literario lo libró de cualquier sospecha. Su caso es cercano al mundo hispánico, dada la labor de rescate y redición periódica de sus obras. Nacido en una familia acaudalada de San Petersburgo, tuvo que emprender la huida en 1919, esto es, a sólo dos años de iniciadas las asonadas del barrizal comunista. Alemania, Francia, Estados Unidos, y al final Suiza, fueron los principales países en los que Nabokov se buscó la vida como escritor en el exilio. De este modo y con el mayor de los triunfos, se consagró en el extranjero y su obra se erige como un recuerdo de la trashumancia del siglo XX. Esto, no sólo en el sentido territorial del término, sino también por lo que hace al lingüístico, pues dejó el ruso como lengua literaria y se sirvió del inglés y el francés para escribir sus obras.

Siendo su caso tan próximo y sonoro, se ha pasado por alto que había *otros* escritores que formaban parte del orbe soviético, que soportaron con igual o mayor estoicismo las penurias de un régimen enemigo de todo indicio de libertad. No se olvide que para mil novecientos cuarenta, la Unión Soviética entabla una sanguinaria política de expansión que inicia con Besarabia (hoy parte Moldavia y parte Ucrania) y los países bálticos, para concluir ocho años después con el último bastión de resistencia que habría de provocarle dolores de cabeza: Checoslovaquia. En los albores de mil novecientos cincuenta, el régimen soviético se encontraba hinchado hasta el empacho, construyendo un enérgico bloque de contención frente a las agresivas políticas occidentales. En el seno de todas esas naciones, hubo escritores minoritarios y artistas que decidieron quedarse en sus lugares de origen, ya fuera por temor a las represalias hacia la familia o amistades, falta de iniciativa, recursos o por un sentido de la pertenencia patriótica. El otorgamiento del Premio Nobel de Literatura dos mil dos a Imre Kertész (judío húngaro sobreviviente del campo de concentración de Buchenwald), los estudios de Adorno sobre Auschwitz y la lista interminable de películas sobre el Holocausto, el exilio, la persecución política o la represión al interior de regímenes despóticos, ha enfebrecido a todos por igual en una búsqueda desesperada de esa creación perdida.

En un intento por lograr el rescate de los escritores periféricos, se publicó *Entre Asilo y Exilio (Epistolario oriental)* de Predrag Matvejevíc (1932), una suerte de diario que le sonríe al ensayo, al testimonio, a la crónica y, por qué no, a la denuncia con una dosis de sentido común y congruencia. Hijo de padre ruso y madre croata, Matvejevíc nació en Mostar, una de las regiones de la antigua Yugoslavia que sufrió los embates del belicismo bosniocroata. Su obra narrativa y ensayística recapitula un intento de comprensión de la situación de los Balcanes, la naturaleza política del estalinismo y los límites de la libertad. En las páginas de su libro desfilan Brodski, Trostky, Bujarin, Gorki, Bulgákov, Mandelshtam, Stalin y aún Gorvachov. En las cartas dirigidas a su padre (hospitalizado en Vinogradska) y en sus notas de acontecimientos políticos, Matvejevíc contempla con mentalidad de yugoslavo las penurias de la vida rusa cotidiana, la represión de los artistas, la caricaturesca fraseología del Partido y el laberíntico sistema burocrático de los soviets.

El autor de *Breviario mediterráneo* (1989) no es condescendiente, pero evade la condena provocada por el resentimiento, el dictamen que facilita la distancia y el ejercicio de contraste con la aparente superioridad política de la Federación Rusa. Sabe que los Balcanes no son modelo a seguir, pero le sorprende la bajeza de los mecanismos de represión política, el espionaje y el obsesivo control de entradas, salidas y movilidad de visitantes y residentes. Ese conjunto de notas puede leerse como una obra de ciencia ficción que concreta la mayor pesadilla de la historia, pero asimismo como un apéndice a *El proceso* y *El castillo* del autor checo, en donde toda la población soviética era Josef K. y los indomables jueces eran las normas derivadas de la interpretación dogmática a los principios de una pretendida ciencia universal. Una mirada yugoslava contempla el desastre del país que presumió poderío y magnanimidad durante más de medio siglo. Cuando se piensa en la realidad de los llamados "países satélites", es dable imaginar un mundo gobernado bajo la égida del Secretario General del Partido con la felicidad y armonía de todos. Matvejevíc demuestra con irritación que jamás fue así.

En su calidad de escritor al servicio del Estado yugoslavo, sólo pudo viajar a Moscú y Odesa al amparo de una invitación formal a un Congreso, y según datos y apreciaciones personales, la vigilancia fue rigurosa, extrema y hasta maniática. Registro de equipajes, revisión de cartas, notas y apuntes, confiscación de libros que se imprimían en Yugoslavia e inspección de pertenencias mientras asistían a la lectura de su ponencia. Muchas de las cartas tienen una fecha real de escritura, a las que Matvejevíc añadió con posterioridad algunas notas. Sus intuiciones sobre la corrupción interna de la vida soviética se confirmaron con el tiempo. Sin vanidad pero con rabia, las comenta, escruta y rescribe. Cuando parece que todo ha sido dicho sobre el estalinismo, cuando las biografías de personajes proliferan a una velocidad asombrosa, cuando la humanidad se prepara para darse una nueva oportunidad en la centuria que comienza, aparece la obra de Matvejevíc para recordarnos el grado de abyección al que podemos llegar en materia política.

Estilo desenfadado y acento de crueldad se unen en una atrayente revoltura para integrar un cuadro de reflejos invisibles. La situación de los Balcanes es una herida que sigue abierta y aún preocupa aunque nadie haga lo mínimo para comprender las causas del desastre. La literatura yugoslava ganó notoriedad al iniciar los años sesenta, cuando Ivo Andrić fue laureado con el premio sueco en mil novecientos sesenta y uno por *Un puente sobre el Drina* (1945). A ese reconocimiento mundial se unieron Miroslav Krleža, Milosš Crnjanski, Danilo Kiš y ahora Milorad Pavić. Matvejevíc organiza una propuesta de viaje. Construye un recorrido empedrado para el que se ha dispuesto que nadie use zapatos o artículos propios de la comodidad occidental. Con *El pan nuestro de cada día* estamos ante otro cuadro atroz de un capítulo de la historia. Ahí están los hechos y lejos está el momento de poner punto final a la discusión sobre el uso y abuso del poder. Ismail Kadaré (1936) compañero de letras, espectador y partícipe de la realidad balcánica, refiere sobre Matvejevíc: "la cuestión de a qué género literario pertenece su obra es absolutamente secundaria: lo importante es que se trata de verdadera literatura".

Claudio Magris, narrador

En las *Conversaciones con Thomas Bernhard*, el autor austriaco le confiesa a Kurt Hofmann que "la gente no se hace germanista por amor a la literatura o al arte, sino porque le están vedadas todas las demás posibilidades como chofer, panadero o cerrajero. O porque son tremendamente vagos o demasiado creídos para ejercer una de esas profesiones", y concluye: "es una solución de emergencia, ¿no? Que no aprovecha a nadie y que es idiota. Pero sirve también para obtener una jubilación muy pronto".

Estas afirmaciones pasaron desapercibidas para Claudio Magris (1939), quien desde muy joven hizo de su actividad cotidiana el análisis y la crítica de la literatura germánica y centroeuropea. El ejercicio continuado de esa labor le valió el premio Príncipe de Asturias de Letras en el año dos mil cuatro. Según el acta del jurado, el autor de *Microcosmos* (1997) "encarna en su escritura la mejor tradición humanista y representa la imagen plural de la literatura europea al comienzo del siglo XXI". La obra de Magris es un puente que hace dialogar a los fragmentos de esa Europa que se inclinó por la unidad política y cultural.

Originario de Trieste —esa encrucijada europea que vio nacer las primeras páginas del *Ulises*, así como la amistad entre su autor e Italo Svevo—, Magris logró asimilar las influencias culturales que se dan cita en ese cruce. La intersección de los Balcanes, el último segmento de Europa occidental y el inicio de la oriental, han hecho de esa ciudad un lugar histórico de encuentro, diálogo y conflicto. *El mito habsbúrgico en la literatura austriaca moderna* (1963), lo confesó como un germanista en ciernes y es, dentro de la bibliografía especializada, una obra de referencia para entender a la denominada "Mitteleuropa".

A ese extenso trabajo le siguió *El Danubio* (1986), un estudio crítico-histórico-filosófico que analiza el contexto de ese río, que nace en Selva Negra, Alemania, cruza la región sur de Europa oriental y desemboca en el Mar Negro, en Rumania, a más de dos mil quinientos kilómetros lejos de su nacimiento. Un singular recorrido cuya longitud no se repite en otro río del viejo continente. El afluente, como figura central de la fundación urbana europea, cobra vigencia en su ensayo al constatar el arraigo de la ciudad europea al cauce de los ríos: París/Sena, Roma/Tíber, Londres/Támesis, Praga/Moldava, Madrid/Manzanares, Budapest/Danubio, etc. Una dualidad que lejos de la causalidad o del aprovechamiento de los recursos hidrológicos, hunde sus raíces en el carácter europeo y su origen se diluye con el nacimiento de la historia.

La tarea de Magris se diversificó y en mil novecientos noventa y siete publicó *Microcosmos*, una *addenda* a los trabajos iniciados en *El Danubio*. La sustancia de su labor abruma al más sensato. La densidad de su visión, aunado a su prosa translúcida, hace de su obra un centro palpitante de ideas al vuelo. Sin embargo, su tarea crítica ha eclipsado su tentativa en la ficción. Así, al conocedor del mundo germánico, se reúne un habilidoso narrador que une sus investigaciones con una mixtura de guiños a su labor crítica. La aparente escasez de su obra narrativa no es pretexto para desacreditarla.

Otro mar (1991) fue la primera ficción que dio a

conocer, a la que siguió, doce años después, *La exposición* (2003). La distancia entre ambas narraciones concluye insalvable. La primera es una novela tradicional, con narrador omnisciente y una estructura formal. En *La exposición*, dado su carácter polifónico y el ansia experimental, Magris logra un texto rico en interpretaciones. En poco más de diez años sucede una transformación, y el efecto no es el más acertado. Con *Otro mar*, su escritura logra un sitio en la narrativa moderna europea. Enrico, el protagonista, es un joven nacido en Gorizia —una ciudad italiana que colinda con la frontera eslovaca, a cuarenta kilómetros de Trieste—, recién egresado de sus estudios de filología clásica. Cercana la Primera Guerra Mundial, abandona su ciudad natal con rumbo a Argentina por su negativa a realizar el servicio militar, y ahí deja a su amigo, quien habrá de ser una figura central en el texto: Carlo. Éste, ante la ausencia de Enrico y dado su carácter sombrío, se suicida y deja unos poemas que, con el tiempo y la labor de Enrico, lograrían un lugar como una obra de relevancia en la literatura italiana. A su regreso, Enrico se entera del hecho y comienza un declive que pareciera no tener fin. Al mismo tiempo, sube al poder el *Duce* y comienza la descomposición de Europa, impulsada por el fascismo. El libro, con no más de ciento veinte páginas, es un compendio de la historia reciente. La narración inicia en mil novecientos diez y concluye alrededor de mil novecientos sesenta. Cincuenta años que Magris utiliza para dar cuenta de los desastres del siglo XX occidental.

Cierta intención de denuncia se respira al abrir la primera página, pero esto no le resta valor a la novela pues la exposición se organiza como un objeto verbal autónomo. Magris sabe que el caso de Gorizia es paradigmático, y según el narrador, "la mezcolanza de estirpes y su agonía son una gran escuela de civilización y de muerte; también una gran escuela de lingüística general, ya que la muerte es una especialista del pretérito perfecto y del futuro anterior". Este pluralismo cultural se confirma cuando Enrico manifiesta que para ser un auténtico goriziano se requiere "conocer el italiano, el alemán, el esloveno, el fruilano y el véneto-triestino". En los acuerdos internacionales y discordias entre Austria, Italia, Alemania, Eslovenia y Yugoslavia, el protagonista se sorprende ante el ascenso de Mussolini, la ocupación alemana, la voracidad del mariscal Tito y los posteriores rigores autocráticos del comunismo.

Enrico, introspectivo, receloso y anclado en las formas del mundo antiguo, se muestra incapaz para comprender el origen de tanta pudrición. Indiferente al inicio del libro del acontecer político, la desintegración final de su familia y amigos por causas diversas —consecuencia de las turbulencias políticas—, ensombrecieron su carácter de modo irrecuperable. Su corta vida se explica más debido a un hartazgo vital, que a un agotamiento físico. El viaje a Argentina le sirve de pretexto para iniciar una meditación sobre el lugar del hombre en el mundo, el arte como forma liberadora y la muerte como epítome a vidas desprovistas de sentido. Pasado y presente se entretejen y en el recuerdo habita el instante en constante flujo. Con variaciones temporales impredecibles, el mecanismo interno de la narración describe el proceso de descomposición de la mentalidad europea en el siglo XX. La historia de Enrico se vio actuada por miles de seres humanos: desplazamientos forzosos, arrestos arbitrarios, ocupaciones militares, amistades colapsadas y desunión familiar.

El contexto no es halagador, ni reboza de esperanzas. Magris regresa a las heridas europeas y las *literaliza* con las herramientas del narrador, que además es un lector perspicaz. El mar —sea el Mediterráneo o el Adriático—, más allá de ser sólo una vía para el comercio, es un símbolo de la identidad europea y aparece una y otra vez a lo largo de la historia. Enrico lo mira y sueña con la reconciliación y el entendimiento. Cuenta: "Maternal, la tierra soporta el arado que la desgarra, pero el mar es un gran esplendor inalcanzable, nada deja huella en él; los brazos que lo nadan no lo abrazan, lo alejan y lo pierden, él no se entrega". Su carácter se torna más sombrío por su lectura y relectura de los clásicos del helenismo. Nuestro tiempo padece las mismas arbitrariedades del mundo antiguo, salvo por la carencia de heroísmo o de la intervención de los dioses antes del instante fatal. Se intuye que Enrico es Magris y *Otro mar* un viaje novelado al resto de sus obra.

Magris, al final, es un narrador cabal; su prosa es pulida y reflexiva. Con ausencia de diálogos, crea una atmósfera vertiginosa y el lector, una vez concluida la historia, se frota los ojos para volver a los hechos del mundo. Su libro trasciende la novela de tesis, el engreimiento filosófico y la moralina guiada por la experiencia y el conocimiento. Al parecer marginal en la obra del escritor italiano, *Otro mar* es lectura para quien desee entender una problemática europea que lleva años sin resolverse: la pluralidad cultural, el ámbito del respeto, tolerancia y reconciliación en lugares de conflicto, ya sea por causas étnicas, raciales o religiosas. Gorizia es sólo un motivo, pero concluye central y hasta culminante. Sus hazañas artísticas contrastan con su desaliento político, su escepticismo y melancolía. Magris hurgó en la tradición germánica y halló una forma de lograr ficciones de alto gramaje. Su obra es la de un hombre preocupado por el acontecer del mundo. Desestimar su narrativa parcializa una empresa ideada en conjunto. Crítica y creación, entonces, cohabitan en una frontera de riesgo.

Caminata alrededor de Stefan Zweig

Existen vidas que están llamadas a ser representativas de grandes periodos de la historia. La situación personal de los protagonistas no puede desligarse de los históricos que marcan la historia. En las minucias de la vida diaria se cruzan las decisiones cuya resonancia cimbra el marcaje de nuestro tiempo. Las vidas de esos hombres y mujeres pueden leerse desde dos perspectivas: la primera incluye al individuo, preso de pasiones e inmerso en la problemática de la supervivencia inmediata; la segunda forma parte de los hechos y su incidencia en la constitución de las vivencias e historiales. El mérito de esas vidas, si es que tienen alguno distinto al de las demás, es estar donde deben en el momento en que suceden las inflexiones de la historia. Un accidente que puede ser una fortuna o una condena.

Chateaubriand fue uno de esos hombres. Las *Memorias de ultratumba* (1848-1850), una de las autobiografías más enriquecedoras, son un ventanal para contemplar la historia francesa, con sus personajes, errores y despropósitos. Las *Memorias* tienen esa posibilidad de doble lectura: la de la vida del autor francés y la de ser auténtica historia francesa. El abanico de temas que aborda la obra es de tal magnitud que se desborda y convida conocimiento no sólo al erudito, sino también al historiador y a otros interesados en lecturas múltiples de obras singulares.

Otro más sería André Malraux, uno de los intelectuales más emblemáticos del siglo XX. Pensador y activista, su vida es una de las aventuras más admirables del siglo pasado. Malraux estuvo donde debía estar. En el activismo, en la revolución, en los gobiernos de transición, en la política institucional, en la discusión intelectual, etc. Las *Antimemorias* (1967) son una de las obras que con más justicia pueden ser consideradas como hijas del siglo. Son el testimonio de una época. Una obra que sólo pudo darse en las turbulencias del tiempo en que le tocó vivir. Fuera de ese periodo serían ficción rocambolesca.

Los dos ejemplos anteriores son aceptados por la comunidad intelectual. Se discuten, releen y se continúa polemizando sobre sus aportes a las humanidades. Pero existe un caso que no por ser ignorado es menos relevante: el escritor vienés Stefan Zweig (1881-1942), uno de los autores más imaginativos y menospreciados de la historia literaria universal. Su autobiografía, *El mundo de ayer* (1941), tiene esa característica de las obras que están llamadas a perdurar y a ser representativas de un tiempo, no obstante, a diferencia de los casos de Chateaubriand y Malraux, las circunstancias de Zweig se han tomado como un referente biográfico y temporal, quedando disminuida su virtud narrativa bajo la pilastra de trabajos menores.

Stefan Zweig nació en uno de los periodos de mayor efervescencia cultural que haya vivido la Europa contemporánea: la Viena del 900. Ahí, uno de los mayores imperios del siglo XIX, el austro-húngaro, tenía una inclinación por fomentar las actividades artísticas y la ciudad, como no se veía desde el Renacimiento italiano, era un hervidero de talentos cuyas obras alimentaban la sed de trabajos perdurables. Música, arquitectura, pensamiento, literatura: Viena parecía ser la condensación floreciente después de una larga noche de infecundidad intelectual a nivel mundial. Zweig nació, creció y se educó en ese periodo que se recuerda con gran interés y que algunos escritores y críticos, como Claudio Magris, han identificado como génesis del mito Habsbúrgico.

Zweig se inició en la creación artística a través de la poesía, escribiéndola y recitándola en cafés, plazas y casas de amistades. En contraste con ese mundo de fascinante creación y gozosa intelectualidad, Europa estaba por padecer eso que Zweig llamaría, años después y desde un doloroso exilio, la "barbarie" y la "bestialidad colectiva": el nazismo. Es increíble como se recuerda a Thomas Mann dando sus discursos radiofónicos contra Hitler, o a Freud en Londres con su escritorio lleno de cartas, mientras que a Zweig no se le recuerda, aunque fue uno de los fustigadores más acerbos del nacionalsocialismo.

Su obra tiene varias facetas: biógrafo, novelista, ensayista e historiador de su tiempo. Pero se le recuerda más como biógrafo. Sus obras minuciosas sobre Magallanes, Fouché, María Estuardo o Erasmo se siguen imprimiendo y se consiguen en ediciones populares. Pero esas obras no representan lo mejor de su producción ni son lo más rescatable de sus proyectos narrativos. Esos trabajos han llenado huecos editoriales dada su eficacia para reconstruir las vidas de los hombres y mujeres que eligió para biografiar. Pero

Zweig no se termina ahí. La crítica literaria lo ha considerado como un biógrafo, y le ha añadido, dado el psicologismo de sus novelas, el de ser un intelectual que ha profundizado en la mentalidad femenina. Así, Modern, en su *Historia de la literatura alemana* (1961), lo despacha en tres líneas refiriéndose a él como "un maestro en la descripción de los más sutiles movimientos del alma femenina", aunque le recrimina su proclividad a empacharse con teorías freudianas. Al final, le reconoce un "fino instinto de artista". Este es el estado general de la crítica sobre su obra.

Harold Bloom, como es usual, sorprende. El crítico no lo menciona en *El canon occidental*, pero incluye a Rilke, Musil, Kraus, Roth y otros. Magris, por su parte, en *El mito habsbúrgico en la literatura austriaca moderna* (1963) revaloriza su obra, pero no va más allá de reconocer a *El mundo de ayer* como una obra fundamental para abordar el periodo e identificar los elementos constitutivos del mito. Triste destino para un escritor tan notable. Magris: "Humanista retrasado y fuera de tiempo... su obra queda como la noble, amable y vana voz de una protesta moral contra la cruel rueda de las cosas". Pasar a la historia como pacifista y como biógrafo: dos formas de la simplificación y el desaseo.

En un siglo que se perfilaba como uno de los más políticos de la historia mundial, Zweig elige la novela breve e introspectiva. Amigo de Freud, a quien por cierto dedicó unas palabras en su funeral, el autor de *Tres maestros* (1920) edificó un mundo de obsesiones que vistió con un estilo diáfano que evita la ilegibilidad. Sus obras no pierden vigencia porque apuntan al dilema ético que implica existir. Un dilema que no admite excusas o pretextos y donde siempre es necesaria una postulación en tal o cual sentido.

Zweig fue un escritor consciente de su papel como creador e intelectual y, a pesar de que hubiera deseado dedicarse en exclusiva a la escritura, juzgó imposible conservar esa neutralidad ante la destrucción de su entorno. El imperio se deshizo, la seguridad se desvaneció, hordas de bárbaros volvían a tomar el viejo continente. Como parte de la comunidad judía acaudalada, Zweig vio aparecer las amenazas a su vida y a su familia. Al igual que muchos de los escritores europeos, comió el pan del exilio pero a diferencia de muchos de ellos, no soportó el peso de la miseria espiritual y se suicidó en Brasil, última parada de su peregrinaje. En un tiempo en que se escribían novelas de proporciones colosales, Zweig eligió la brevedad, la condensación y la preciosura del instante. *La novela de ajedrez*, *Amok*, *Los ojos del hermano eterno*, *Veinticuatro horas en la vida de una mujer* son obras que por su laconismo y geometría, constituyen piezas magistrales. El manejo de los protagonistas, la fidelidad de la descripción sin caer en los artificios del naturalismo, la caracterización natural del caos humano son méritos y hallazgos que, como partes integrantes de la novela contemporánea, tienen una visible deuda con la obra narrativa del autor vienés.

Es aleccionadora la lectura de *El mundo de ayer*. Uno le agradece a Zweig la redacción de ese recuento. Es posible vivir el entusiasmo de esos días de juventud, de sus hallazgos artísticos y de las charlas con los intelectuales del momento. Zweig se escribe con Rilke, con Herzl y con Rudolf Steiner, creador de la antroposofía. Seguir los pasos de su juventud es una delicia abierta a todos. Ciudades, libros, mujeres, música, jolgorios, intercambios. En los periodos de gran efervescencia cultural se dialoga. Las horas se desvanecen, ceden el yugo de su dictadura y se abren a la congelación de la fraternidad momentánea. Muchos fragmentos de *El mundo de ayer* están redactados en plural y es que Zweig, a ratos, habla por esa Viena que ya no existe, por una población contenta con un régimen político y presa de un estado de avidez por descubrir los misterios de la creación.

Aunque es un acto de simplismo, es posible considerar a *Ardiente secreto* como una de las novelas más representativas de su producción. Con no más de cien páginas, la obra es un desplegado que expresa los puntos de su proyecto narrativo. La trama: una mujer casada es seducida por un caballero soltero. Todo parece ir bien salvo por la intervención del hijo de aquélla que, preso de celos y con la malicia de una infancia imaginativa, termina por arruinar el romance de la pareja. La intervención del pequeño es la clave para comprender las ideas de Zweig sobre el arte de construir una novela: un hecho, en apariencia convencional, termina en un fiasco por la incidencia de una situación inesperada. Esa introducción le sirve al autor vienés para arroparse con la mentalidad de un personaje y fabular introspecciones. Zweig es un devoto de las teorías de Freud, pero eso no fue obstáculo para lograr una narrativa con textura propia.

A la distancia se comienza a descubrir el valor de su pensamiento y de su acción política. Sus novelas son legibles y sus ensayos están llenos de ideas, reflexiones y dolorosas profecías. En *El legado de Europa*, un libro de ensayos recopilados por su editor y amigo Richard Friedenthal, Zweig rastrea las causas de la catástrofe europea a través de sus protagonistas. Recuento de una época convulsa que él mismo padeció en carne propia y cuyas resonancias espirituales le costaron la vida. Al terminar el libro, el lector no puede sino sentir que la parte de la culpa le pertenece a él, y a todo el género humano.

La ironía crítica de Sławomir Mrożek

El acto de burlarse del prójimo ha sido uno de los empeños más socorridos. El alivio de la frustración, el sentido de superioridad que genera en el burlante, así como la hilaridad que produce en un entorno, han erigido a la burla como una característica inseparable de la naturaleza humana. Los nobles se burlaron de los plebeyos, los prelados del obispo, el rico del pobre y éste, en su desnuda penuria, de todos y de sí mismo. El acto comunitario se materializa en una acción gozosa: la ridiculización indiscriminada. Un fenómeno con ese arraigo popular no podía pasar desapercibido ante la tentativa del arte, y desde los albores de la palabra escrita se compusieron los primeros textos de intención burlesca.

De Antíloco a Cercidas el Cínico y de Horacio a Marcial, el ejercicio del ingenio al servicio de la burla no ha cesado desde sus orígenes en la antigüedad clásica. Es célebre que Aristófanes se burló de los filósofos y en particular de Sócrates. La sagacidad humana, siempre ávida por andar veredas inusitadas, comenzó a diferenciar grados de burla. Así, nació la sátira, el epigrama, la fábula, la ironía, el sarcasmo, el eufemismo, la parodia, la parábola, la alegoría y otros juegos retóricos. Todos estos recursos con un solo objetivo: zaherir a un adversario y exhibir una realidad incómoda y opresiva.

Resalta uno de sus continuadores más incisivos: Sławomir Mrożek (1930). Nacido en Borzecin, Polonia, estudió arquitectura e historia del arte y es uno de los autores polacos vivos más leídos. La literatura de ese país, a pesar de haber sido una de las más lesionadas por el régimen comunista, no cesó de parir voces singulares. A pesar de su distancia y de la virtual imposibilidad de leer a sus clásicos en la lengua original, no pocos son los autores que tienen una presencia constante en el imaginario de los lectores hispánicos: Henryk Sienkiewicz (1846-1916), autor de *Quo Vadis?* (1896), es uno de los más cercanos debido a la adaptación cinematográfica de su novela; el caso excéntrico de Witold Gombrowicz (1904-1969); Wisława Szymborska (1923-2012), premio Nobel en 1996; las ficciones científicas de Stanisław Lem (1921-2006) o el notable Czesław Miłosz (1911-2004). La popularidad de estos escritores ha opacado la obra de Mrożek fuera de las fronteras polacas, pero le corresponde un lugar de privilegio en la literatura actual.

Leer a Mrożek es enfrentarse a una secuencia de estallidos de situaciones inesperadas. Su brevedad hechiza. En una época en la que padecemos la dictadura de la novela larga, la síntesis que logra se agradece. Sus cuentos se acercan al mejor Monterroso. Además de la brevedad y llaneza de estilo, se sirve del humor. El lenguaje es diáfano y la anécdota tiene una secuencia lineal. El humor, planteado con inteligencia, es una apuesta doble: por un lado, la sonrisa; y, por otra, la posibilidad de la reflexión. Éste es el caso de Mrożek, un autor que padeció a los totalitarismos soviético y polaco y que se volcó a la tarea de ridiculizar todo lo que existe.

En sus relatos se dan cita la epifanía, el descubrimiento y la mirada oblicua a la realidad. En sus historias hay un narrador que cuenta una anécdota, pero el destinatario y protagonista tiene y no tiene identidad. Es uno y al mismo tiempo somos todos. Para Mrożek todo permite una reflexión. Es natural que aparezcan los políticos totalitarios, los esbirros de la policía y los dictadores del minuto, pero también desfila el estudiante moroso, el actor sediento de reconocimiento y el empresario poseído por el afán de incrementar su caudal. La sociedad y sus vicios se vuelven un enorme blanco al cual disparar los dardos. Ataques de los que nadie sale bien librado. Mrożek bebe de la tradición occidental del humor, la comedia y la sátira pero son reconocibles, dada la estructura y tonalidad de sus construcciones, las obras de Jean Gérard (1803-1847), mejor conocido como Grandville y el incomparable Alfred Jarry (1873-1907).

En el cuento *La praxis*, Mrożek retrata el absurdo de poner en práctica ideas que fueron concebidas por pensadores que no imaginaron cómo se daría cumplimiento a su programa ideológico. La historia: un hombre recibe una bofetada de otro; quiere devolvérsela pero recuerda el mandato cristiano de poner la otra mejilla. La ofrece al agresor y esto desata una serie de enredos y sinsentidos. El tipo que golpeó alega ser zurdo y, por esto, una incapacidad para golpearlo de nuevo, además de que manifiesta irritación y no tener ganas de repetirlo. El individuo que profesa la doctrina de Cristo invoca otro precepto, que tiene las mismas consecuencias. Los dos individuos, al intentar resolver este dilema, arman una secuencia de situaciones increíbles. Planteado de esta manera, suena carente de sentido, pero Mrożek, con su habilidad para el enredo, nutre la narración con un hálito de inconfundible realidad.

Mrożek evita la resolución de sus cuentos mediante fórmulas y obviedades. La simpleza del estilo, además de que funciona como un disfraz de lo complejo, estimula al lector no sólo a continuar la historia, sino a empezarla de nuevo y buscarle otro sentido. A la par de las críticas al fascismo, al culto a la personalidad y a la sed de poder, aparecen las intransigencias de la democracia. Mrożek se lanza sobre las ideas preconcebidas que se tienen por inamovibles. Deudor de Beckett y Ionesco, el polaco es un maestro en el arte de insertar anormalidad en entornos uniformados. Refiere: "la vida es sencilla, es sólo mi imaginación la que la complica sin necesidad". Sus historias son terreno fértil para la espontaneidad manipulada. Brevedad y densidad: crítica y reflexión. El ingenio es, en sus relatos, norma rectora y objetivo definido.

Linderos de Lobo Antunes

La narrativa moderna intentó una empresa osada: volver a los orígenes de la composición verbal. Limar la creación de todo elemento superficial y dejarla pendiente de su componente último: palabras, lenguaje, bisagra de sonidos. Ese regreso problematizó su lectura y constitución. Joyce llevó al extremo ese paradigma de tentativa literaria. En su carrera literaria hay un ascenso hacia el compromiso con la estructura del lenguaje. En *Dublineses* (1914) ya se vislumbraba al estilista que dejaría de lado a la anécdota para centrarse en la organización de las palabras. Más adelante, en el *Retrato del artista adolescente* (1916), Joyce perfecciona este procedimiento y el volumen puede leerse como un preludio a *Ulises* (1922).

La historia que narra en esa novela sobre un día de Molly, Leopold y Stephen, le sirve al autor irlandés para rendir tributo a Dublín y a la vitalidad entrevista del lenguaje. A nivel estilístico es un presagio de la creación que tendría por su obra maestra: *Finnegans Wake* (1939). Éste libro es un sistema de alegorismos oníricos encarnados en la figura de Humphrey Chimpden Earwicker, y asimismo un afluente en donde palabras de distintos idiomas se reúnen. Esa tentativa es el resumen y culminación de las vanguardias literarias. Arte de la palabra en su forma más plena y vigorosa. Esa táctica de mezcolanza lingüística, a pesar de haber sido utilizada con anterioridad por Colonna en el *Sueño de Polífilo* (1499), es inusitada y tentadora dada su manufactura estilística. Proust y Joyce conviven y juntos concretan la tarea de regresarle a la literatura un rostro insondable.

El arrojo de Joyce parece haber dejado mudos a los escritores: ¿Qué decir después de *Ulises*? ¿Cómo abordar de nuevo el acto literario? ¿Cómo relaborar el discurso narrativo luego de esa disolución idiomática, en apariencia permanente? Las interrogantes después de su tentativa se multiplican. Existen quienes se cobijan tras la anécdota pues, a final de cuentas, una de las funciones de la literatura es contar una historia. Pero igualmente hay escritores que no le dan la espalda al legado de Joyce y encaran el malabarismo de edificar historias a partir de un lance estilístico. Es el caso de António Lobo Antunes (1942), un autor que ha logrado un estilo narrativo lírico, poblado de imágenes. Natural de Lisboa y psiquiatra de carrera, el escritor lusitano no se aparta del todo de la anécdota como germen de la historia, pero le concede un sitio de privilegio al juego formal. Sus libros están lejos de agotarse cuando las páginas ceden espacio a la nada: sus palabras son un eco que se multiplica para beneficio de los lectores. La fuerza de sus ficciones radica en el manejo de la lengua.

Borges afirmó que el barroquismo era un traspié retórico de la juventud. El escritor en ciernes disfraza su falta de ideas con palabras pomposas. Es natural que la tentativa de adorno y embellecimiento acartonado concluya caricaturesca. Lobo Antunes es un escritor barroco que lejos de negar su estirpe desbordante, se esfuerza por concentrar su densidad como un reto para sí mismo y para los lectores. En su obra, esta elección, no es error de juventud sino salto razonado. Sucede que la individualidad no admite cortapisas: es menester divagar y extenderse para lograr una conexión con el lenguaje. Lobo Antunes escribe con el repertorio de su lengua en una mano. Su aliento no es el de Lezama, Sarduy o Carpentier, es cierto. Esta forma del barroquismo es una fabricación meditada antes que un ardid para arrojarlas al dispendio.

De su obra sobresale *La muerte de Carlos Gardel* (1994), *Manual de inquisidores* (1996) y la *Exhortación a los cocodrilos* (1999). Sus libros requieren lectores atentos que se aparten de la vanidad de avanzar las hojas con velocidad, y se centren en los mecanismos de la palabra *en sí*. Las oraciones se distienden y cobran vida. Sus novelas son constelaciones en donde la tentativa de agotarlas está fuera de tiempo y espacio. En nadie como en él, cada signo tiene un lugar inamovible. Lobo Antunes reclama para sí la tentativa joyceana y la refunde con sus propias búsquedas. El perfeccionado estilo, en apariencia distante y de frialdad sublime, gana fuerza con el trato regular. Recorrer sus obras, después de algún tiempo, obsequia al lector recompensas que pocos escritores pueden ofrecer.

Lobo Antunes es un escritor político, pero lo es desde una perspectiva inusual. No hay condenas, proclamas o detallados análisis de la sociedad actual. Hay individuos que experimentan la dureza de un mundo manipulado por personas sin escrúpulos. La destrucción a causa de la política sucede a nivel individual, en el seno de la vivencia cotidiana. La aridez aparente de su obra es abatible. Para ello resultan imperdibles las *Conversaciones con António Lobo Antunes* (2003) que sostuvo con María Luisa Blanco. Ahí, al calor de la informalidad como puerta de acercamiento, puede leerse a un Lobo Antunes próximo y tangible. Dado que su escritura tiene un elevado componente autobiográfico, conocer su experiencia vital es requisito para lograr un paseo afortunado a su obra: el ejercicio de la medicina, la guerra en Angola, la experiencia de la muerte, la amistad, el amor, la búsqueda de la perfección en la obra, la cercanía con España y su amor por la literatura española. Estas *Conversaciones* son un mapa en donde podremos descifrar el entramado de una fabulación única.

El autor portugués reivindica no sólo la libertad formal, sino también la personal. Repudia los grupos, las sectas, la murmuración. Su independencia es uno de los valores que ha defendido a lo largo del tiempo. Nada puede restringirla, salvo la obstinación por lograr sus obras con habilidad y destreza. La evocación de la infancia es terreno fértil para liberar la memoria, y darle un giro jamás antes visto. En el conjunto de su obra las innovaciones estilísticas no son artificios de quince minutos, sino parte esencial de ese mundo imaginario, poblado de obsesiones y anhelos, perplejidades y búsquedas infructuosas.

III. DISTÓPICOS

La contradicción es la siguiente: el hombre rechaza el mundo tal cual es, sin aceptar escaparse. De hecho, los hombres tienen apego al mundo y, en su inmensa mayoría, no desean abandonarlo. Lejos de querer olvidarlo siempre, sufre, al contrario, por no poseerlo bastante, extraños ciudadanos del mundo, exiliados en su propia patria. Salvo en los instantes fulgurantes de la plenitud, toda realidad es para ellos inacabada. Para estar, una vez, en el mundo, es preciso no estar en él nunca más.

Albert Camus, *El hombre rebelde*

Presencia contra silencio

Desde el mirador de la Mole Antonelliana, que a partir del año dos mil alberga al Museo Nazionale del Cinema, se pueden ver los Alpes. Una portentosa frontera natural para deleite de los turistas que se desplazan de Milán a Turín y de ahí al Valle d'Aosta para recorrer la zona alpina, que lo mismo ofrece esquiar que una visita al Montblanc. Nada más llegar a Turín recordé que Primo Levi (1919-1987) era piamontés, la región noroeste de Italia que sobresale por su industria —ahí se fundó la FIAT, que sigue dando empleo a miles—, y tiene ganada fama de pionera y fastuosa. También que nadie ha escrito sobre su estancia en un campo de concentración como Levi.

La denominada "trilogía de Auschwitz" reúne *Si*

esto es un hombre (1947), el relato de su estancia; *La tregua* (1963), que detalla el camino de regreso del campo a Turín; y *Los hundidos y los salvados* (1989), un ensayo de interpretación sobre lo ocurrido. Tras releerla en conjunto, a la distancia y con las adiciones posteriores que realizara Levi, uno se pregunta si habrá sido ya posible armar un sistema de interpretación para explicar lo sucedido, pues lo que más afectó a los sobrevivientes fue que regresaran a casa —luego de los ultrajes, la inanición y el olvido—, y nadie se hubiera enterado de lo que vivieron. Una perplejidad similar a la que refiere Imre Kertézs en *Sin destino* (1975).

No debe olvidarse que una de las estrategias de los nazis fue ocultar a la comunidad internacional la miseria que padecían los judíos en los campos. Según Levi, en los días previos a la terminación de la guerra los celadores se burlaban de los internos gritándoles que "nadie les creería lo ocurrido". Seguro estaban al tanto de que habían cruzado los límites de lo imaginable. Así que la primera batalla fue contra la incredulidad, ya que los alemanes destruyeron todo lo que fue posible antes de la rendición. Un proceso que Claude Lanzmann reconstruye en *Shoah* (1985).

"Esto es el infierno", refiere Levi que pensó al llegar al campo, luego de que lo tatuaron y expoliaron de sus posesiones. Se perdieron vidas, se fracturaron esperanzas. Llamó a este proceso "la destrucción de un hombre", que significa animalizarlo borrándole lazos emotivos, personales o de lengua, incluso. El laberinto de las lenguas europeas logró que la incomunicación fuese parte del congelamiento de los ánimos. En los campos reinaba la mezquindad y la sospecha. La *Endlösung der Judenfrage* o "solución final de la cuestión judía", por tanto, inició antes de la carta de Reinhard Heydrich a Martin Luther en 1942.

La literatura testimonial da un giro estelar con las novelas de la trilogía. El desfile de tragedias es desolador. Avanza la lectura de estas páginas en medio de un mutis por averiguar qué nueva estrategia de muerte idearon los victimarios. La desobediencia se pagaba cara e iba, a decir de Levi, de los azotes continuados a una sanción infame: ser arrojado con vida a los hornos. Por el afán de esta narrativa el lenguaje es comunicativo y concluye transparente, a la manera de un documental. Lo que interesa es transmitir el horror de los hechos.

Sobrevivir era la estrategia y todos ideaban mecanismos para comer, vestir o dormir mejor. O para hacerlo con regularidad, al menos. La profesión de químico salvó a Levi de ser parte de la mano de obra sin calificar que se requería para labores generales: excavar fosas, construir caminos, ampliar edificios y trasladar cuerpos. Esto es: alimentar las llamas de aquella empresa de muerte. El relato de la vuelta logra un perfil múltiple de las cuadrillas de harapientos que viajaban a casa. Muchos optaron en un primer momento por el silencio, la solución más común. Otros, como Jorge Semprún, vertebraron una obra a partir de su dolorosa vivencia. Levi: "quienes han experimentado este encarcelamiento se dividen en dos categorías: los que callan y los que hablan".

Pero el autor italiano promovió la conciliación y la práctica del perdón. Jean Améry lo apodó "el perdonador". Llamó a la concordia, a meditar sobre lo que había sucedido. A su modo de ver el culpable fue una organización colectiva, cohesionada por la fuerza denominada "Estado". Todos los demás, incluso dementes como Irma Grese, Aribert Heim o el propio Josef Mengele, fueron operarios de esta máquina insaciable y además diabólica. Sobre la experiencia en los campos de concentración y frente a la necesidad de organizarse una teoría personal sobre el perdón, Levi refiere: "nunca he cultivado el odio hacia el pueblo alemán".

La fuerza expresiva de la trilogía no se diluye con la distancia. Una de las catástrofes del siglo XX dibujada por la voz irremplazable de uno de sus protagonistas. Ahí siguen las incógnitas sobre el Estado que surgieron después de Nuremberg, la libertad individual, la posibilidad del individuo en una sociedad masificada, la construcción y permanencia del ser humano. La lista de los autores que han meditado sobre Auschwitz es larga y no se ha llegado a respuestas inapelables, como no sea por cierta mueca de sobresalto ante las formas que adopta el ingenio para aniquilar al semejante. Levi, al final, apunta de manera reiterada que lo salvó el amor por la vida y sus manifestaciones más prístinas, entre ellas la tentativa literaria. Y luego escribió, íntima, honesta y descarnadamente.

Lecciones del otro maestro

Con el vigor que lo define, J.G. Ballard afirmó: "la ciencia ficción es la verdadera literatura del siglo XX", y remata: "tal vez sea la última forma literaria existente antes de la muerte de la palabra escrita y el dominio de la imagen visual". Para quien tenga trato regular con la obra de Ballard, será fácil entender este énfasis, manifestado por un autor obsesionado por esbozar el horizonte apocalíptico que nos aguarda el fin de los tiempos. La ciencia ficción soporta con estoicismo el desprecio de la academia y lectores exquisitos, censores gratuitos de la corrección en el ámbito literario. Y es que a pesar de contar entre sus cultivadores a escritores como Swift, Poe o el mismo Wells, es reciente que haya abandonado la preferencia de los elegidos para encontrar espacio en los estantes de los más delicados.

Uno de los autores cuya principal preocupación fue la ciencia ficción y sus límites, y que contribuyó a lograr esa migración fue Philip K. Dick (1928-1982), autor asociado a *Blade Runner* (1982), al consumo habitual de estimulantes, y a una novelística profusa y desorbitada. Dick aún suscita polémica entre quienes desestiman su valor, y entre quienes veneran sus obras. Su narrativa deambula entre el estallido incómodo del retrato amargo, la exploración teológica a través de un autodidactismo metafísico, así como la meditación sobre la historia reciente mediante parábolas cuyo refinamiento impide desecharla a vuelo de pájaro. Era un lector reiterado de profetas bíblicos.

Trabajando como joyero en Chicago, Dick publica su primera novela, *Lotería Solar* (1955), que obtiene un éxito muy modesto, pero le permite definir un estilo personal. El uso de enervantes lo ayuda a trabajar de manera frenética, y los triunfos se suceden sin dificultad. David Pringle lo señala como "uno de los autores de culto en ciencia ficción", y lo incluye en *Ciencia ficción. Las 100 mejores novelas*, en donde sobresale por tener el mayor número de libros incluidos. En ese volumen figuran *Tiempo desarticulado* (1959), *El hombre en el castillo* (1962), *Tiempo de Marte* (1964),

Los tres estigmas de Palmer Eldrich (1964), *El doctor Moneda Sangrienta* (1965) y *¿Sueñan los androides con ovejas eléctricas?* (1968).

Es imprescindible completar esta selección con la trilogía sobre Dios, que incluye a *Tiempo desarticulado* (1959), *VALIS* (1978) y *La transmigración de Timothy Archer* (1982), además de sus relatos, escritos a lo largo de décadas y muchos de ellos adaptados al cine. Ahora que el binomio utopía/distopía es un asunto recurrente en la narrativa moderna, es aconsejable volver a las novelas de este alquimista, que reúnen palpitaciones congeladas de un espejo sin tiempo. Dick es un autor que escribe historias revueltas. La aparente sencillez de su narrativa, contrasta con una transparencia que se torna abrumadora sorpresa. Anticipó tramas que el posmodernismo lanzó al ruedo como de autoría propia: el sentido de vacío, la voracidad por las drogas, el narcisismo consumista, la indiferencia ante el acontecer político, y el nihilismo insuperable de la vida urbana.

La lectura de sus novelas da cuenta del barrizal ético que nos espera en la calle, y del valor imprescindible de la literatura para recrear atmósferas cubiertas por el sutil manto de la angustia. Rehén permanente del insomnio, profesional de la crisis como vivencia cotidiana, paranoico convencido de que una invisible conjura nos oculta la realidad "real", consumidor febril de estimulantes, simpatizante del gnosticismo y al final católico radical, escritor tumultuoso y no pocas veces confuso, Dick es uno de los escritores más prolíficos, leídos y reditados de lengua inglesa de la segunda mitad del siglo XX. La comodidad intelectual lo ubica entre los escritores de ciencia ficción, pero dado el alcance y penetración de sus intuiciones, su nombre se asocia a un modo de entender el mundo que no permite la autocomplaciencia o la resignación: Dick es un temblor y quien haya leído *Lotería solar* (1955) o *Ubik* (1969) estará de acuerdo.

Asimismo era un escritor torrencial y si hemos de creerle a la biografía que escribió Emmanuel Carrère (París, 1956) —*Yo estoy vivo y vosotros estáis muertos* (1993)— es fácil deducir que escribía sus cuentos de una sentada, pues podía redactar sus novelas en semanas. Quien sea lector asiduo de sus libros, no encontrará en los cuentos saltos estilísticos ni experimentos con la estructura narrativa. Dick cuenta historias de una forma cinematográfica y dialogada. Es posible ver cada segmento de la acción, el rostro de los personajes o la píldora que se tragan para olvidarse del mundo. No obstante, la aparente sencillez en la organización de los relatos contrasta con un trasfondo metafísico que sorprende al lector más atento.

Sus cuentos son engranajes que nada más iniciar, avanzan en enredo y variables desconocidas. La confusión es una de sus herramientas. Por tanto, ayuda que el propio Dick haya ordenado su producción breve, anotando aquí y allá las circunstancias en que nacieron los cuentos, así como detalles, anécdotas y las lecturas que sugirieron las historias. Ser un escritor copioso tiene sus riesgos. Las urgencias editoriales provocan tropiezos narrativos: tramas flojas, soluciones previsibles o incongruentes, personajes al vapor, abuso de las fórmulas del género, siembra de ambigüedades estériles. El lector que se inicie en el trato con sus obras experimentará la sensación de estar ante un escritor autista, insondable y hasta maleducado. Los cuentos son pequeños fragmentos de un mundo enorme, gobernado por las novelas. Y al contrario de lo que sucede con otros autores que padecen las adaptaciones de sus obras al cine, en Dick funcionan para entender lo que es un *precog*, o para adivinar en qué momento la ciencia ficción hace contacto con la metafísica y los encuentros trascendentales. Acudo a Roberto Bolaño, uno de sus lectores más conspicuos: "Dick va camino de ser un clásico y una de las características de un clásico es ir mucho más allá de la buena escritura, que no es otra cosa que una buena corrección gramatical".

Es natural que la biografía de un personaje distópico termine por ser un producto literario complejo. Tal pareció ser la consigna de Carrère cuando concibió, después de años de lectura de la obra de Dick, escribir su biografía en un intento por comprender al escritor norteamericano. Esto implica un descenso a las honduras de quien pudo haber sido, en palabras del propio Carrère, "el último iluminado que haya pisado la tierra". No es difícil pensar en *Yo estoy* como un ejercicio biográfico que excede el terreno de la historiografía academicista, para instalarse en el terreno de la reconstrucción vívida. Dick, aún con los tantísimos lectores que tiene y produce según las nuevas generaciones lo descubren, permanece como un mensaje codificado que no cede ante los intentos de la crítica que se detiene en detalles biográficos y psicológicos. No obstante las carencias en el estudio de la personalidad de quien fue considerado por muchos un gurú, Carrère no desestima el reto y lo enfrenta paciente. Esto no es decir poco, pues Dick es uno de los escritores más desequilibrados y, a la par, más fecundos en términos de bibliográficos, pues publicaba novelas cada año, la mayoría con éxito editorial.

Se ha vuelto inevitable citar el episodio en que Dick tiene un encuentro con Jesucristo, en un intento por descalificar su novelística e internarlo en el gueto de los escritores dementes. "Estoy seguro de que no me creen, y de que tampoco creen en lo que afirmo. Son libres de creerme o no, pero al menos crean esto: no estoy bromeando", dijo Dick en conferencia ante una audiencia universitaria. Acaso uno de los méritos de Carrère haya sido el de documentar el corpus de lecturas de Dick, quien saltó de la Biblia a teorías gnósticas, cátaras y albigenses. De todo se puede acusar a Dick, incluso de haber escrito algunas novelas incomprensibles, pero no de ser un escritor ingenuo o ávido de reconocimiento. Su sabiduría estuvo a la par de su locura. Cada línea de sus novelas, en especial las más metafísicas, como *La penúltima verdad* (1964) o *Laberinto de muerte* (1970), muestran un conocimiento profundo en teoría de las religiones.

Carrère restituye a Dick, pero no puede hacerlo más comprensible a sus lectores: lo clarifica en parte pero no lo muestra de cuerpo completo. El misterio no concluye, sino que se amplia, disgrega y multiplica. ¿Qué habrá visto Dick, explorador de mundos ignotos y alternativos, en esos viajes con las drogas? ¿Acaso aún es posible la unión, así sea momentánea, con las manifestaciones de lo divino? Después de la lectura de esta biografía, las aproximaciones a la obra de Dick se sueltan ese velo que lo coloca junto a la literatura de consumo. Al sopesarlo, lo coloca junto a los indispensables de la tradición literaria, pues la ciencia ficción es una narrativa no distinta de la novela policial, realista o de cualquier otra escuela, y un vehículo para exponer las preocupaciones de un tiempo y lugar determinados.

La modernidad de Dick es incontrovertible. El tema del doble, que causó tanto revuelo en el siglo XX, hace acto de presencia en sus obras, aunque con el acento del visionario: "muchas personas aseguran recordar sus vidas anteriores. Yo, por mi parte, afirmo que puedo recordar una vida presente distinta". Una vez descontextualizada de la situación política de los sesenta, su narrativa expresa un malestar con el mundo moderno, que no se resuelve a través de los canales tradicionales de la participación ciudadana, sino en el diálogo frágil que a diario se mantiene con la posibilidad de acceder a la experiencia comunitaria. En su errancia por mundos variopintos, el testimonio de Dick se vuelve materia literaria a perseguir. Carrère documenta un caso singular en un libro memorable sobre un autor imperdible.

La aventura virtual de William Gibson

Es natural que la ciencia ficción resulte sospechosa como tentativa literaria. Son tantos los escritores que cultivan el género y tan pocos los que logran obras insólitas, que los lectores se contentan con volver a Wells, Poe, Verne y Asimov. A diferencia de la fantasía, ésta depende del avance científico, y eso empolva las obras en cuanto surge otra renovación significativa. La ciencia ficción se altera con velocidad pasmosa, y lo que fue fabulación desbordante, termina como otro testimonio en la historia del género. La lectura de las novelas de Edgar Rice Burroughs termina por sonrojar dada su candidez y afanes educativos. Los piratas espaciales, la conquista de territorios dominados por tribus de costumbres de la era glacial, la obsesión con Marte y otras temáticas que fueron grandes éxitos de cine y ventas editoriales, ahora son sólo novelas bien escritas. La ciencia ficción corre la misma suerte que las novelas policíacas, tan populares en los años setenta y ochenta. Acaso una forma de trascender esa fuga es construir una metáfora de la historia, como en *1984* o *Fahrenheit 451*.

La era computarizada tiene un intérprete: William Gibson (Vancouver, 1948) que publicó *Neuromante* (1984) y con ello creó una mitología informática que circula libre por transistores y módems. Él fue quien inventó el término *ciberespacio*, un concepto que parte de la epistemología y la psicología experimental, y se refiere a la inmersión de los sentidos en un entorno artificial. La palabra ha sido reconocida y en una edición reciente del diccionario de la Real Academia Española, se le define como "un ámbito artificial creado por medios informáticos". Además de que reconoce la existencia del prefijo *ciber* para referirse cualquier aplicación de índole digital. Gibson lo perfila en *Neuromante*:

> *[...] es una alucinación consensuada experimentada diariamente por miles de millones de operadores legítimos en todas las naciones, por niños a quienes les enseñan conceptos matemáticos.*

> *[...] es una representación gráfica de datos sacados de las bases de todos los ordenadores del sistema humano. Una complejidad impensable. Líneas de luz ordenadas en el no-espacio de la mente, agrupaciones y*

constelaciones de datos. Como las luces de una ciudad que se alejan...

La experiencia sensorial del individuo es generada por una máquina, que la suministra al cerebro. "Alucinación consensuada" es un eufemismo para reelaborar la temática del control mental. La "complejidad impensable" es un apóstrofo de la cábala ortodoxa, aunque llevada a un futuro dominado por medios electrónicos. A Gibson se le asocia con el movimiento ciberpunk, que fundó junto a Bruce Sterling. Éste se inició con la publicación de una antología, *Mirrorshades* (1986), que presentó a un grupo de jóvenes como un nuevo movimiento literario cuya búsqueda eran las consecuencias de un mundo tecnificado. La antología no pasó desapercibida, pero el tiempo hizo lo suyo y de sus colaboradores sólo quedan Gibson y Sterling. El ciberpunk ha sido una de las vanguardias más efímeras de la historia. No podría ser de otro modo: la era informática es volatilidad, ansia de renovación y afán por estrenar. El ciberpunk es una derivación de la ciencia ficción clásica, que retrata mundos de un futuro próximo en donde sociedades descentralizadas están saturadas de tecnologías complejas. En el mundo ciberpunk la individualidad es un fetiche del pasado.

Neuromante hizo a Gibson acreedor de los premios Nébula (1984) y Hugo (1985), considerados ambos como el Nobel del género. Además de esa obra para acercarse a la ciencia ficción contemporánea, se recomienda leer: *Conde Cero* (1986), *Mona Lisa acelerada* (1988) y *Luz virtual* (1993), *Idoru* y *Todas las fiestas de mañana*; así como un volumen de relatos:

Quemando cromo (1986). Leer a William Gibson no es sencillo. Toma tiempo darse cuenta de una realidad que nos pertenece sólo de manera parcial. El lenguaje se distiende, pero es poco eficaz para dar cuenta de un mundo distinto al que conocemos. No sólo han cambiado las ciudades, la organización gubernamental y las actividades delictivas, sino también la naturaleza de los seres humanos. En ese mundo el debate ético se magnifica. Al lado de los individuos "normales", conviven aquéllos que han optado por mejoras mecánicas y electrónicas en su organismo, y que tienen más posibilidades de sobrevivir en un mundo informatizado. La ética jamás imaginó semejantes problemáticas.

El individuo, el robot, el *cyborg*, los hologramas y los híbridos, conviven y generan situaciones incomprensibles para el lector desprevenido. El lenguaje de sus libros es diáfano y algo superficial. Describe y no ahonda como lo hiciera George Orwell. El lector enfrenta el problema de construir un mundo que no existe, cuyos referentes son inasibles y hasta esotéricos. Su narrativa tiene ese contraste: estilo pulcro y referentes vaporosos. Y es que la computadora se ha posicionado como el centro de las actividades humanas. Ya es imposible visualizar un mundo sin las comodidades del entorno informático. Más allá de ciertas previsiones fatalistas es indudable que facilita la vida, aunque genera alteraciones en los usuarios.

El ciberespacio, la información y las computadoras son los ejes sobre los que giran las obsesiones de sus personajes. Sus novelas son cócteles en donde se reúnen John Le Carré, Huxley, Philip K. Dick y los manga japoneses. A mayor tecnificación del mundo, mayores posibilidades de escribir *thrillers* que le quiten el sueño a sus lectores. El contacto humano se ha desvirtuado, y ahora es necesaria una computadora para acceder al ciberespacio. El diálogo, esa forma arcaica de comunicación humana, pierde fuerza. Se establecen relaciones a través del monitor y el teclado. La inminencia de una dictadura corporativa se lleva al extremo: las empresas se han adueñado del mundo, y no hay revoltosos para organizar una defensa, sino seres apagados por el consumo de drogas que anestesian su capacidad de insinuar cualquier rebeldía. La inmovilidad, y no el movimiento perpetuo, es el santo y seña de un mundo que, a pesar de ser una oscura pesadilla, concluye atrayente para el lector.

Gibson explora la fatalidad de la vida moderna, aunque procura resaltar el lado positivo. Sus protagonistas encarnan al héroe mítico que vive de hacer el mal a quienes limitan el ejercicio de la libertad. Sus novelas, por lo regular, trascurren en Japón, en ese mundo de luces de neón y escaparates ostentosos que ofrecen un viaje sin costo al paraíso. Quizá él ha sido el único autor de ciencia ficción que ha explorado la ecuación desarrollo económico-imaginación tecnológica. En Japón habita la vida virtual porque ahí se ha ideado un sistema de vida basado en la imagen. Con uno de los índices de crecimiento económico más elevados y una moneda fuerte, esa nación se perfila como el coloso del nuevo siglo.

Desde mediados del siglo XX, la alteración de los estados de la conciencia se volvió un asunto capital. La manipulación dirigida se cernía como una amenaza que se concretó en la historia con el fascismo y las dictaduras de izquierda. Gibson se planta en el centro del tema, y lo vuelve parte fundamental de sus historias. Conectarse al ciberespacio, esto es, vivir el acto comunitario desde una perspectiva ultramoderna, es presentarse en la realidad virtual y sobrevivir. Su labor narrativa ha influido las aproximaciones a la era digital desde la cultura de masas. *Matrix* se diseñó a partir de la película de animación japonesa *Ghost in the shell*, de Mamoru Oshi que, a su vez, se nutre de los libros de Gibson. Así, las influencias se expanden y la idea de la autoría es una sombra en los mundos alternativos. La inmediatez de la violencia se transforma y ahora es necesario el filtro de la tecnología para vivirla como experiencia controlada. Los robos a los bancos se realizan a través de una conexión de fibra óptica, y puede provocarse la muerte de una persona con sólo apretar una tecla.

En las novelas de Gibson no se percibe optimismo por el futuro. La ciudad postindustrial es un cascajo de una época que fue gloriosa y apabullante, y ahora es un lugar de extrañezas y bizarrías. Cine negro y thriller metafísico se combinan para explorar las obsesiones contemporáneas, las filias de nuestro tiempo y el sentido del porvenir que nos acecha. La información es uno de los bienes más preciados, y violar las normas de seguridad para acceder a lugares prohibidos es una aventura de la cual pocos salen bien librados. Su trabajo narrativo es una puerta para quien busque asomarse a la vacuidad que se posiciona sobre la vida moderna y sus apóstoles. No obstante el deseo de Gibson por estar alejado de la plaza pública, sus obras permiten esa lectura política de un futuro que nos repele con fuerza. La parábola y la alegoría toman el centro como vehículo de la enseñanza moderna. A pesar de que dada la temática, composición y estilo de sus novelas es probable que envejezcan pronto, explorar sus obras es terreno fértil para la reflexión sobre lo venidero. Parada inevitable para quien se interese por el destino de lo humano.

Cioran, místico de la zozobra

Uno de los últimos periodos de efervescencia cultural sucedió en Francia, al término de la Segunda Guerra Mundial. Con Europa devastada y los Estados Unidos como impulsor de las políticas económicas trasatlánticas de ayuda, la filosofía y la literatura, el pensamiento y la creación, el debate y la reelaboración de paradigmas, convivían anhelantes en los cafés del barrio de Saint-Germain, las calles estrechas del París bohemio y las buhardillas en donde podía vivirse sin estrecheces por unos cuantos francos.

En medio de otras tentativas intelectuales, que buscaban armonizar el saber en un sistema sin fallas, un joven rumano, radicado en Francia desde 1937, fustigó cualquier noción de sistema o idea totalizante. Su nombre era Emil Michel Cioran (1911-1995), y había nacido en Rasinari, Rumania. Ahí se licenció en filosofía y una tesis sobre Bergson lo hizo acreedor a una beca que lo llevó a París, en donde se avecindó, hizo suya la lengua francesa y nunca más regresó a su país de origen. Cioran fue un caso inusual, como Nabokov o Beckett, en donde el exilio no sólo es desplazamiento físico. Concluye de esta experiencia: "No se habita un país, se habita una lengua. Una patria es eso y nada más".

La lectura de Cioran es una cita inaplazable para intentar la comprensión del mundo moderno. Ha sido considerado como un "esteta de la desesperación", "cortesano del vacío" o "sepulturero con un barniz de metafísica" o, en palabras llanas, un nihilista del siglo XIX, como Bazarov, el protagonista de *Padres e hijos* (1862) de Iván Turguéniev. Leer a Cioran es reconocer que tuvo razón, y que su sentido angustioso de la vida no carece de fundamento. Nuestro paso por el mundo no sólo es frívolo, sino también patético. El trato con sus libros revela las fuentes de su pensamiento: cenizas del existencialismo; una lectura del budismo que lo convenció de la fatuidad de la escritura o la filosofía; una melomanía que se expresa en la creencia pitagórica de que la música es un orden perfecto; un estudio reiterado de los místicos desde Maestro Eckhart, pasando por Swedenborg hasta llegar a los españoles, que conocía a la perfección; una filiación del legado de Nietzsche, y un deseo de liberarse de las instituciones.

Este carácter apesumbrado ha impedido que su figura sea considerada con mayor interés. Sólo algunos escritores han dedicado esfuerzos a la lectura razonada de sus obras. Entre ellos destaca Susan Sontag, que le dedicó un ensayo que incluyó en *Estilos radicales*: "*Penser contre soi*: reflexiones sobre Cioran". Según ella, después del fracaso de las grandes ideologías como sistemas interpretativos, se atomizó el pensamiento y el solipsismo ganó terreno en la filosofía. El florecimiento de las individualidades, no sólo aterrizó en el campo artístico y literario, sino que permeó la creación de sistemas o anti-sistemas filosóficos. Reconocer la extinción del concepto de verdad, o de la imposibilidad de asirlo desde el punto de vista intelectual, liberó a los pensadores de realizar un aparato teórico para engarzar su filosofía a la tradición, a la manera hegeliana. Los opúsculos ganaron terreno frente a las invenciones copiosas que abarcaban la totalidad del pensamiento y la existencia. Acaso los existencialistas fueron los últimos autores de obras monumentales, de los que sólo se salva Albert Camus.

A esa liberación, que muchos interpretaron como una carencia de unidad y gusto por el desparpajo, Sontag le asigna un antecesor a Cioran, que no podría ser otro que Nietzsche quien, en sus *Consideraciones intempestivas* y en los fragmentos diseminados en sus obras, delineó esa nueva modalidad escritural. "El punto de partida de esta moderna tradición post-filosófica del quehacer filosófico se encuentra en la conciencia de que se han roto las formas tradicionales del discurso filosófico. Las principales posibilidades que quedan en pie son el discurso mutilado o incompleto (el aforismo, la nota, el apunte), o el discurso que ha asumido el riesgo de metamorfosearse (la parábola, el poema, la narración filosófica, la exégesis crítica)" refiere Sontag. Pero este cambio, en apariencia moderno, es un regreso a los orígenes de la filosofía. Los presocráticos, desdeñosos de la escritura, apenas si acuñaron algunas frases representativas de sus ideas.

Pero Cioran además se nutrió de Lichtenberg, Rilke, Novalis. El ensayo de Sontag sienta las bases para la comprensión del renovado discurso filosófico. Barthes adoptaría el fragmento y el discurso entrecortado para darle vida a su forma crítica. La escritura de un tratado como la *Enciclopedia de las ciencias filosóficas* (1817) de Hegel, sería inusual en la actualidad como propuesta de ensayo filosófico. No sólo se han alterado las ideas filosóficas en sí, sino también la manera de expresarlas. El nihilismo de Cioran parte de las tesis clásicas de Gorgias ("nada existe; si algo existe, no puede ser conocido; si algo existe y puede ser conocido, no puede ser comunicado"), y se instala en la modernidad de un modo imperceptible. La elección de Cioran del aforismo como medio de expresión no es berrinche retórico: es una apuesta por el estremecimiento. El aforismo, como forma de argumentación retórica y verbal, socava fundamentos, plantea interrogantes y, en caso de hallar respuestas, las destruye de nuevo, pues el hallazgo no puede terminar en la autocomplacencia. Si así sucede, es ineficaz. "Me resulta imposible saber si me tomo en serio o no. El drama del desapego es que no se pueden medir los progresos que se hacen. Se avanza en un desierto y no se sabe nunca dónde se está", escribe Cioran.

Ya que el aforismo es juez, indiciado y víctima: todo puede ser inscrito en sus líneas flamígeras. No admite matices y la contradicción no implica retroceso en el rigor: la dialéctica es natural porque así es la vida humana y la filosofía, producto de aquélla, no aspira a una perfección que no le corresponde. Cuando murió, en 1995, Paz escribió en *Vuelta*: "[Cioran] no nos hizo más felices pero nos enseñó a mirar de frente al sol de la muerte. Su pesimismo y su escepticismo nos hicieron más soportable la desdicha de haber nacido". Una página de Cioran es un apunte al margen. Su misión no es construir, sino cuestionar y, de ser posible, arruinar. Él dejó de creer en la posibilidad de las respuestas y se dedicó a germinar más preguntas. La modernidad se concreta en la aporía y en el sentido de lo indisoluble ¿Qué es la vida, sino una interrogante sin respuesta? Cioran no puede dejar de lado la invectiva y la diatriba, pues son sus armas fundamentales: no se demuele con sutilezas. Su devoción por Bach parte de su admiración por el barroco, la exacerbación y el uso disipado de los recursos del arte. El contrapunto del barroco es la metáfora del balanceo dialéctico que propone Cioran en sus aforismos: silogismos sin conclusión que no buscan aterrizar ni establecer verdades evidentes, sino dejar una huella y consignar un instante: "Lo esencial surge con frecuencia al final de las conversaciones. Las grandes verdades se dicen en los vestíbulos".

Una de las violencias verbales más reiteradas que pueden hallarse en Cioran se dirige al hombre, que "olvida con tanta facilidad que es un ser maldito porque lo es desde siempre". Y cómo reprochárselo si el género humano ha sido una fuente de desdicha constante en la historia del mundo. Así, mientras los estructuralistas escribían sus libros y postulaban otra forma de concebir nuestra relación con el lenguaje, Cioran leía a San Juan de la Cruz y meditaba sobre la angustia por el mañana, jactándose de las aspiraciones de trascendencia cuando todo, en realidad, es una distancia insalvable. Al final, ideó lo que parece ser el epitafio del hombre moderno: "Su destino fue realizarse a medias. Todo estaba *truncado* en él: su manera de ser tanto como su manera de pensar. Un hombre de fragmentos, fragmento él mismo".

Ventajas de Yukio Mishima

La narrativa japonesa de la segunda mitad del siglo XX es una de las más prolíficas de la modernidad literaria. Bastarán algunos nombres para probarlo: Junichiro Tanizaki (1886-1965), Yukio Mishima (1925-1970), Yasunari Kawabata (1899-1972), Kōbō Abe (1924-1993) y Kenzaburo Oé (1935). A este singular muestrario, es necesario agregar que Kawabata, autor de *La casa de las bellas durmientes* (1961), ganó el Nobel en 1968 y Oé lo hizo en 1994. Veintiséis años de distancia entre ambas premiaciones. Nada despreciable para una literatura distante para el común de los lectores. Y aunque dicho premio no es un paradigma de valor estético, si lo es para considerar la efervescencia de una tradición literaria.

A lo largo de los siglos ha existido un intercambio permanente entre la tradición occidental y la oriental, en especial con la de Japón. Donald Keene, erudito del mundo oriental, rastrea en *La literatura japonesa* (1956) que el inicio de estas reciprocidades fue el envío de misioneros jesuitas al país del sol naciente. San Francisco Javier (1506-1552), al parecer el primer jesuita que pisó tierra japonesa, desembarcó en 1549 después de una campaña de cristianización en la India. Realizó su apostolado en Japón y dos años después partió hacia China, dejando tras de sí una célula de cristianos que se multiplicaría con el tiempo. Quizá esta fecundidad se deba al cruce de tradiciones, que asimiladas con el ingenio japonés, logró realidades inusitadas. Así, en la obra de Tanizaki se percibe la influencia del simbolismo francés y de Edgar Allan Poe; Abe logró su estilo a partir del teatro del absurdo y de sus lecturas del existencialismo; Oé, por su parte, se especializó en letras francesas. Rastrear el árbol genealógico de influencias no arroja luces sobre el misterio de escrituras tan singulares. Aún con todo, importan los efectos de asimilaciones tan prósperas, pues la abstracción del concepto "originalidad", es elusivo y de aportaciones nulas. Y si bien la literatura japonesa está vedada a la mayor parte de los lectores en su lengua original, goza de una enorme aceptación.

En este recorrido por las letras japonesas contemporáneas, resalta Yukio Mishima, uno de los grandes escritores de todos los tiempos que sin haber dejado una obra copiosa, logró esa permanencia que pasa de largo ante la brutalidad del tiempo. Su obra, a pesar de su vitalidad y energía, apenas circula en nuestro medio editorial. Sobresale *La perla y otros cuentos*, una muestra de las obsesiones del autor, al igual que *El marino que perdió la gracia del mar*. Las *Confesiones de una máscara* (1949) o *El rumor de las olas* (1954) son libros indispensables para adentrarse en su visión de la cultura japonesa. Mishima, fue homosexual en una comunidad tradicional, y se suicidó con la ceremonia del *seppuku*. Padeció el ostracismo a causa de la dicotomía tradición-modernidad que imponía la sociedad japonesa.

Cuando se publicaron las *Confesiones*, nadie imaginó que su autor terminaría con su vida años después. El *seppuku* es una tradición del Japón medieval y no ha desaparecido a pesar de que fue abolida por el imperio como forma de suicidio obligatorio en 1868. De tal suerte, el autor japonés vivió dividido por el conflicto tradición-modernidad del Japón contemporáneo, aunque fue víctima de una práctica del pasado. Su inconformidad se disolvió en el acto que salva el honor de los renegados. Pero en la tradición occidental el acto del suicidio aún es uno de los tabúes más socorridos. El judaísmo tiene condenas claras, y por consecuencia el orbe cristiano. El misterio se magnifica cuando el suicidado ha realizado una obra estética perdurable. Estudiosos y lectores se adentran en las páginas que sobrevivieron al ausente, y buscan las claves que lo llevaron a arrebatarse la vida. Las *Confesiones* se publicaron cuando tenía veintitrés años. El libro es el relato de una educación sexual, de una iniciación. Su protagonista, un joven adolescente que descubre su proclividad por los seres del mismo género, narra las peripecias para subsistir en una sociedad que condena la homosexualidad. Sus enamoramientos, desencantos y frustraciones, son los hitos que utiliza Mishima para plantear los problemas de modernización de una sociedad caracterizada por el respeto a la tradición.

El aspecto más visible del libro es el de ser el relato de un incapacitado para vivir en sociedad intolerante debido a su preferencia sexual, su "enfermedad". Pero *Confesiones* es una obra literaria, en principio, un relato de búsqueda y decepción; un intrigante retrato de la sociedad moderna y sus contradicciones, y una tentativa de explorar los límites de la condición humana. Además Mishima fue un maestro de la estilística. La narración del adolescente no pierde credibilidad. El lector es transportado a la atmósfera opresiva de los barrios de Tokio. Cuando en 1968 la academia sueca hizo saber su decisión, Kawabata declaró a *The New York Times*: "no comprendo cómo me lo han dado a mí existiendo Mishima. Un genio literario como el suyo lo produce la humanidad sólo cada dos o tres siglos. Tiene un don milagroso para las palabras". Kawabata no dudó en elogiarlo, saludándolo como un renovador de la lengua japonesa.

Marguerite Yourcenar (1903-1987) ha sido una de las escritoras contemporáneas que se interesaron por el autor japonés. *Mishima o la visión del vacío* (1981) es uno de los ensayos más lúcidos que se hayan escrito sobre él. Yourcenar parte de una premisa: su narrativa es demasiado delicada para abordarla desde perspectivas tradicionales. Pero ese reconocimiento de complejidad, no es obstáculo para adentrarse en el bosque Mishima. Es perceptible la inclinación de Yourcenar por las *Confesiones*, pues hay un cruce de sensibilidades entre ambos autores. Yourcenar propone la visión del vacío, pues "como ocurre con toda escritura o todo pensamiento voluntarioso, el libro [las *Confesiones*] irrita o decepciona tanto que no se acepta la originalidad de la obra tal como es". Desbrozar telarañas interpretativas, y abrazar al texto como lo que es: una historia de un descubrimiento. Geneviére Allard y Pierre Lefort, en su tratado *La máscara* (1984), refieren que "la razón esencial de una máscara es tomar un rostro, adaptarlo a su comportamiento y hacerse pasar por otro. Se crea así una ilusión". Este ensayo antropológico, rastrea el uso de la máscara como atributo de una personalidad diversa. De las máscaras que se hallaron en el templo de Artemisa, en Esparta, a las máscaras del carnaval de Venecia, el hombre ha buscado duplicar su personalidad eliminando las limitantes que impone la "unicidad". La multiplicidad de Mishima empieza desde su nombre, pues en realidad se llamaba Kimitake Hiraoka. Alterar las nomenclaturas da una forma nueva al mundo.

Las *Confesiones* son un canto a la dulzura de la diferencia, y lamentaciones por la inmovilidad de las estructuras sociales. En el libro hay dos protagonistas principales: el narrador, que vive la historia y su escisión interna, y un conglomerado de individuos que a ratos tiene nombre definido, pero que puede resumirse como la "exterioridad". Toda entidad distinta a la experiencia fáctica del protagonista. El otro protagonista es *lo otro*. Mishima se convierte en detective y arma un rompecabezas sobre la instrucción del protagonista. Un aprendizaje doble, pues comienza el descubrimiento de un cuerpo sensible, y luego se desata la comprobación de que la sociedad tiene modelos que no pueden ser transgredidos. "Mi pasión por disfrazarme se agravó cuando comencé a ir al cine", refiere el protagonista. El disfraz es una forma barroca, acaso más escandalosa que la máscara, y asimismo una declaración de principios. A la seducción por el trastrocamiento de su personalidad a través de la prendas de vestir, el protagonista explica: "Y, en aquella casa [la de su prima Sugiko], me exigían, de manera tácita, que me comportara como un chico. Así comenzó la desganada interpretación de mi comedia". La simulación, al volverse una rigurosa programática ontológica, altera las estructuras internas y lo que inició como un experimento se erige como norma de vida. La inasibilidad es el santo y seña de su narrativa. Yourcenar duda sobre la validez y pertinencia de su tentativa: "En realidad, esta investigación es inútil en parte: la inclinación hacia la muerte es frecuente en los seres dotados de avidez por la vida..." Tal parece ser el caso de Mishima, escritor consumido por su sed de vida.

Cuando Donald Keene dio a la imprenta el volumen que lo consagraría como antólogo, traductor y experto en literatura japonesa, *Modern Japanese Literature* (1956), y además de incluir en ella a Yukio Mishima (1925-1970), se refirió a él como "un joven escritor muy talentoso cuya variada producción augura lo mejor para el futuro de la literatura japonesa", nunca imaginó la carrera meteórica del autor a quien, décadas después, recordaría como un "amigo cercano", según el prefacio de *Five Modern Japanese Novelists* (2003).

El mar de la fertilidad es el nombre de una tetralogía que Mishima escribió como una aproximación a la historia reciente de Japón y que, leída a la distancia, se juzga su testamento literario. En las páginas de los volúmenes *Nieve de primavera* (1966), *Caballos desbocados* (1969), *El templo del alba* (1970), y la última entrega, publicada de manera póstuma, *La corrupción de un ángel* (1971), Mishima se aleja de los afanes transgresores de sus primeros libros —exaltar la homosexualidad, despreciar la tradición, intelectualismo recalcitrante—, y abre su sensibilidad a la gran tradición de la literatura japonesa. Con un trazo estilizado, descripciones transparentes y un sentido para acumular percepciones, edifica un andamiaje narrativo que se ha emparentado, en su inteligencia y exhaustividad, con *Manhattan Transfer* de John Dos Passos y con *Berlin Alexanderplatz* de Alfred Döblin.

El ciclo se inicia con un recuerdo de la guerra ruso-japonesa (1904-1905), y la serie abarca hasta los primeros años de la década de los setenta. *El mar* es un ciclo narrativo que entra de lleno en las preocupaciones estéticas de Mishima: la muerte, el poder, la tradición; y también, en su densidad y profusión, al debate clásico de Japón: la influencia occidental. Shigekuni Honda, estudiante de leyes en el primer volumen y juez retirado en el último, conoce en su juventud a Matsugae Kiyoaki, joven adinerado que morirá a los 20 años de una enfermedad grave en la primera entrega. La saga gira alrededor de la creencia de Honda de que hallaría de nuevo a Kiyoaki en alguna de sus reencarnaciones sucesivas pues, agonizante, le murmura: "Recién tuve un sueño. Te veré de nuevo. Lo sé. Bajo las cascadas". La novela oscila entre esa búsqueda y la interpretación —que en el último libro se sugiere fallida—, de signos equívocos de una realidad iridiscente. En la escena final del ciclo, un Honda viejo y fatigado acude al templo Gesshu a perseguir un último recuerdo. Ahí, Satoko le explica: "Pero si desde el principio no existió Kiyoaki...", a lo que Honda, sorprendido, murmura para sí: "Si no existió Kiyoaki, quién sabe, quizá tampoco yo haya existido".

Pocos autores como Mishima para despertar las interrogantes de sus lectores y expertos por igual. La secuencia de su vida impregna de tal modo su percepción del acto narrativo que resulta imposible calibrar la influencia de su abuela a edad temprana; la epifanía de su descubrimiento corporal, que lo lleva a practicar kendo y al fisicoculturismo; o su exaltada devoción por la muerte y el honor perdido del samurái —el célebre y extinto bushido—, que lo orilla a la ceremonia del *seppuku*. Ese culto por el cuerpo llevó a Mishima, durante sus últimos años de vida, a fotografiarse de manera exhaustiva. Se le recuerda por un retrato con la misma postura del San Sebastián de Guido Reni, atado a un árbol, humillado y agonizante. Es el mismo San Sebastián que en una página de las *Confesiones de una máscara* (1948) le arrebata una eyaculación primeriza y el mismo que ahora se juzga icono de la pasión homosexual.

La vida de ficción de Honda sirve a Mishima como álter ego de excepción para llevar una vida ligada al recuerdo, pero también esclavizada a una sucesión de falsas epifanías que terminan por minar su escasa fe en la vida. Para 1970, en una carta a su maestro Kawabata, Mishima se confiesa exhausto: "Cada gota de tiempo que se me escurre me parece tan preciosa como un buen trago de vino, y ya he perdido casi todo interés por la dimensión espacial de las cosas". Pareciera que el autor japonés hubiera deseado figurar en un pie de página de un novísimo martirologio, editado por descastados y transgresores, almas negras y viciosos. Pero no sucedió: su obra ya es parte de la tradición literaria japonesa y el ciclo de las generaciones está consumado.

Memoria de Susan Sontag

La desaparición de Susan Sontag (1933-2004) conmocionó a la opinión pública de Estados Unidos y el mundo. La comunidad intelectual perdió a una de sus ensayistas más sagaces. Su mirada era incesante y capaz de develar enigmas, sembrando otros no menos significativos. Mujer intrépida y trepidante, no sólo exploró la novela y el ensayo. Dedicó muchas horas a la cinematografía y la fotografía. Lo mismo que Warhol, Cocteau, Dalí y Buñuel o el propio Salvador Elizondo, su generación vio ese lento despertar del cine que se volvió revelación, mito y búsqueda. Su obra tiene mil brazos y en sus ensayos lo mismo encontramos una reflexión sobre el cine de Goddard, que sobre la posibilidad de una pornografía que no vulnere la dignidad de la mujer.

Sontag rehúye al énfasis y a la afirmación delirante y se arroja al afluente del debate. Originaria de Nueva York, su recorrido intelectual es la excursión que sintetiza la vivencia del sentir contemporáneo. Fue de la clase de escritores que no pueden rehuir a la plaza pública y buscó hacer del mundo un mejor lugar para vivir. Incómoda para las esferas políticas por ensayos como *¿Qué sucede en Estados Unidos?* (1966) o el polémico *Viaje a Hanoi* (1968), con el tiempo afianzó su posición intelectual y sus opiniones eran discutidas. Su rechazo a la guerra fue un estandarte de coherencia y sentido ético en el escritor. Su vida transcurrió entre la reflexión del acontecer cotidiano, unido por una perspectiva histórica y cierta dosis de inconformidad derivada de sus lecturas.

Dentro del espectro de su reflexión, sobresalen los ensayos que dedicó a la fotografía. "Obsesionada", como ella misma se calificó con respecto a sus aficiones fotográficas y, asimismo, a causa de sus pretensiones cinematográficas, el acto de interpretar la imagen se volvió una preocupación constante para la autora norteamericana. Reunido en *Sobre la fotografía* (1977), el pensamiento de Sontag sobre la importancia, validez y lugar de la fotografía en el mundo moderno, se encuentra en el centro de su reflexión. En las primeras páginas de *Adiós a Berlín* (1939) de Christopher Isherwood se lee lo siguiente: "Soy como el obturador de una cámara. Mi mente registra lo que veo", y esa oración puede ser aplicada a la trayectoria intelectual de Sontag. Su pasión por la imagen fotográfica la transformó en instrumento de registro.

El mundo moderno está constituido por imágenes, unas perecederas, otras triviales. Todas con una presencia innegable en la vida de todos. *Sobre la fotografía* se complementa con *Ante el dolor de los demás* (2003), una adición al primero que comparte el interés por el fenómeno fotográfico, aunque lo hace desde otra perspectiva: la fotografía de guerra y sus efectos en los espectadores que las miran. ¿Qué fue el mito de la caverna platónica sino un medio para exponer la fascinación del hombre con una imagen distinta de la verdadera? Sontag abre *Sobre la fotografía* con un rastreo de las relaciones de los seres humanos con la imagen que tienen de sí y del mundo que los rodea. A lo largo de la historia de la filosofía, del pensamiento y del arte, hay una presencia significativa de la imagen. El cristianismo y otras religiones monoteístas incorporaron en sus respectivos libros sagrados, referencias en torno al uso de la imagen. Los efectos que provoca tienen trascendencia en la conducta de los hombres: sirven para instruir o corromper. Sontag: "las fotografías alteran y amplían nuestras nociones de qué vale la pena mirar y qué tenemos derecho a observar. Son una gramática y, aún más importante, una ética de la visión".

Cerrado el debate sobre la posible obsolescencia de la pintura frente a la fotografía, queda la indagación de sus posibilidades y alcances. La fotografía ha sido una alteración del mundo que nos rodea: nuestros sueños contienen imágenes de fotografías que miramos, incluso de manera distraída. Más allá de las previsiones fatalistas del *homo videns*, y de la petrificación del pensamiento abstracto por el abuso en el suministro de imágenes, queda la fotografía, cercada en cuadros de papel que son amuletos de la memoria. Sontag evade los maniqueísmos y se centra en las alteraciones, que van desde la percepción, la conciencia y la adquisición de conocimiento, hasta la afirmación de su autonomía como lenguaje creativo.

Sus ensayos bordean la obra de pioneros de la fotografía y maestros consagrados: por sus páginas desfilan Nadar, Atget, Stieglitz, además de Avendon, Cartier-Bresson o Evans. La agudeza de su mirada le impide perderse en los vericuetos del lenguajecontenido para centrarse en las mutaciones que produce la contemplación. Hechizo y alteración, formas delicadas que conviven a causa de hallazgos técnicos, químicos y digitales, la fotografía ha perdido su encanto para volverse objeto de consumo: "Una fotografía no es sólo el resultado del encuentro entre un acontecimiento y un fotógrafo; fotografiar es un acontecimiento en sí mismo, y un acontecimiento que se arroga derechos cada vez más perentorios para interferir, invadir o ignorar lo que esté sucediendo", refiere Sontag.

"La fotografía es una herramienta para tratar con cosas que todos conocen pero a las que nadie les presta atención. Mis fotografías se proponen representar algo que ustedes no ven", dice Emmen Gowin, en una cita que la propia Sontag seleccionó para anexar a *Sobre la fotografía*. ¿No está ahí la tentativa de exploración del acto fotográfico? Sontag no pone en duda las posibilidades de la expresión fotográfica, y busca enfatizarlas: "Las fotografías son quizá el más misterioso de todos los objetos que constituyen y densifican el medio ambiente que consideramos moderno. En realidad, las fotografías son experiencia capturada y la cámara es el arma ideal de la conciencia en su afán adquisitivo".

Sontag se limita a sembrar interrogantes y la búsqueda del sentido del acto fotográfico termina en una persecución del sentido del hombre. Entender el acto es entender quién lo interpreta. La fotografía se vuelve metáfora, carácter de nuestra impaciencia y anhelo de lo porvenir: "Coleccionar fotografías es coleccionar el mundo" o "fotografiar es apropiarse de lo fotografiado". Al enfrentarse con el reto de la hermenéutica fotográfica, escribe: "El lenguaje con el cual suelen evaluarse las fotografías es extremadamente reducido. A veces se alimenta como un parásito del vocabulario de la pintura: composición, luz, etc." Sus ensayos son una interpelación directa contra esa carencia y forman un auxilio para paliarla, edificando un discurso para la crítica fotográfica. Así, su tentativa es vivificante. *Sobre la fotografía* revela la necesidad del discurso crítico, con independencia de que se considere un desdoblamiento del acto "creativo". Sus meditaciones no envejecen. Volver a Susan Sontag es un ejercicio inevitable de imaginación y estremecimiento. Otro acto de lectura crítica.

Márgenes de Bolaño

Padecemos el sesgo temeroso de una cultura orientada hacia la monumentalidad. Algo repercute en la historia de las formas, llega a pensarse, cuando es necesario levantar la vista para contemplar el brillo de ese acto materializado. *Ecce* el Acto. El suspiro de lo inalcanzable, de lo inaudito y por tanto de la santidad de la dedicación, acompaña por lo regular a la valoración de obras. Aún la fuga de una lágrima se considera el sello de una calidad sublime. Otro traspié de la crítica de cabaret. Caso ejemplar: la obra de Roberto Bolaño (1953–2003).

No es difícil escuchar que logró su "obra mayor" con *Los detectives salvajes* (1998) o *2666*(2005) —cito la cuarta de forros de *La literatura nazi en América* (1996)—, y si por "mayor" nos entregamos a la comodidad de estimar sólo un criterio de volumen esto podría ser cierto. Aunque si se incluyen criterios estéticos, se abre otro terreno, inexplorado y sorpresivo, ya que con el autor chileno nos encontramos ante el ejercicio continuado de un culto público que pocas veces está sustentado por una lectura efectiva. Leído a la distancia es dable imaginar que el mejor Bolaño está en las obras escritas sin ese aliento balzaciano, tan perseguido en los últimos años. Pienso en *Nocturno de Chile* (2000) o en *Una novelita lumpen* (2002). También en los volúmenes de relatos —cuatro, si consideramos la escritura dispersa de *El secreto del mal* (2007)—, aunque no pocos se leen con incredulidad y hasta fatiga. Y la poesía: confesional, arponera, dolorida y no pocas veces húmeda de llanto. En las obras "menores" —y por tales entiendo los libros que apenas se han hojeado por sus lectores más leales—, destella un Bolaño susurrante y familiar, tan lejos de las líneas que se han vuelto portátiles. *Amberes* (2002) contiene una forma de prosa indefinible. Frases aisladas que oscilan entre la poesía en prosa, la autobiografía y la estilización de una vivencia que de tan abrumadora no es posible reducir a palabras. Encuentro hallazgos similares en *Estrella distante* (1996) o *Amuleto* (1999).

Parece urgente emprender el rescate del Bolaño íntimo, ese que habita en los márgenes. El que escribió los libros antes de que la editorial de Barcelona lo proyectara hacia el estrellato. Esos que garrapateó en la penuria de cuartos rentados, en largos periodos de soledad/enfermedad, escritos todos en la zozobra. La forma inusual del Bolaño monumental ya es pasto para congresos de literatura, tesis doctorales en universidades americanas, el estante de familias pretensiosas que compran libros y éstos quedan envueltos en su empaque prístino. La proclividad por este monumentalismo es una rebaba cosificante desde donde se edifica la "cultura oficial", en el peor sentido del término.

Enfrentamos el riesgo de que su obra sea patrimonio exclusivo de aulas y estrados, memoriales y mesas redondas que no cesan de botar, aquí y allá. Una obra literaria es germinal por definición. Aunque, al ser lector suyo de años, dudo que esta inminente desconexión con los jóvenes le hubiere dejado tranquilo. Bolaño de los bordes y de las fisuras. Aquí unas líneas de *La Universidad Desconocida*:

> *Esperas que desaparezca la angustia*
>
> *Mientras llueve sobre la extraña carretera*
>
> *En donde te encuentras*
>
> *Lluvia: sólo espero*
>
> *Que desaparezca la angustia*
>
> *Estoy poniéndolo todo de mi parte*

El siglo triste de Ismaíl Kadaré

La novelística que consigue filtrarse en el recuerdo lidia con el presente, tejido no pocas veces alrededor de un centro fantasmal, poblado de actos inhumanos. El rastreo narrativo de gestos y sutilezas exigen la concentración del escritor para vislumbrar las formas veladas del chisme de salón, el cotilleo de la cantina y la página del periódico que nadie leyó, para así integrar ese catálogo razonado y personalísimo de las metamorfosis que se intuyen experimenta la pretendida "condición humana".

Es posible leer el siglo veinte como un hito lamentable por lo que hace al grado de perfección que es posible alcanzar para destruir al adversario. La arena política se erigió como el gran teatro del mundo en el cual atestiguamos, con la mayor perplejidad imaginable, la representación continuada de mecanismos al servicio de la degradación. Las nuevas tecnologías se asumen por derecho pleno como un nuevo eslabón digital para preservar este desfile de colmos. Para ilustrar al vuelo figuran el juicio sumario y posterior ejecución de Ceausescu y su esposa, el ahorcamiento mal grabado de Saddam Hussein o los misiles teledirigidos con visión nocturna contra objetivos civiles de las últimas guerras —operados cual si fuesen un videojuego. Esto ya forma parte de esta radiografía patológica de nuestro consumo multimedia habitual.

Así, las formas del horror se estacionan en la normalidad y ésta se altera aunque no logra replantearse en el debate público. Se abandona la reflexión sobre las desproporciones en el ejercicio del poder para arrellanarse en el sillón, abrir las palomitas de microondas y consolidar la creencia de que toda vez que ya votamos somos parte *ipso facto* del mundo democrático. Pero las tentaciones del poder deben estar en alerta constante. Esa bandera siempre es roja, con independencia de las mareas. Acaso la narrativa de Ismaíl Kadaré (Albania, 1936) sea de las últimas que se confiesa incapaz de abandonar esta reflexión, y con cada entrega confirma su lugar como una denuncia tenaz de los peligros de la dictadura. En su obra la incredulidad gana un sitio de privilegio, lo cual se traduce en higiene social.

El enemigo natural de una narrativa que se propone cartografiar las formas sutiles del horror es la caricaturización y las tentaciones fáciles de la propaganda. No parece fácil distanciarse de la opción de participar en la vida pública desde la novela. Esto es, utilizar el oficio novelístico para distribuir postulados ideológicos. Las formas comprometidas del arte parecen terminar en la capitalización de la estafa y suplantan la persecución de la forma por el llamado a la acción. Ahora que se traduce la primera novela del autor albanés, *El general del ejército muerto*, publicada en 1962, al igual que su más reciente entrega, *Réquiem por Linda B.* (2012), es posible comprobar la fidelidad de su obra al dibujo de las formas que la dictadura adopta para pervertir el escenario de la vida pública y así amortajar el cúmulo de libertades, al grado de que no pocas de sus novelas admiten una lectura bipartita que oscila entre un declarado acento kafkiano, y esos relatos de ciencia ficción en donde la libertad es vestigio de una edad remota.

El general refiere la epopeya de un militar que recibe la encomienda de localizar y devolver a su país a un número indeterminado de cuerpos enterrados en una fosa común. Se hace acompañar de un cura, que será su interlocutor. Todo el pasado reciente de los Balcanes transfigurado en una campaña de búsqueda. Acaso inspirado en la histórica Masacre de Katyn de 1940, ejecutada por instrucciones de Stalin a través de Lavrenti Beria y la NKVD, de donde se rescataron más de veinte mil cuerpos, Kadaré no se detiene a perfilar las causas del desastre, que los protagonistas de sus novelas no intentan siquiera entender, sino que se enfila directo a narrar las dificultades de buscar las fosas —conforme se excava, aquí y allá, continúa el hallazgo de más cuerpos—, y también el peregrinaje viscoso que impone el juego de las espirales burocráticas, derivadas de cualquier acto administrativo en un régimen totalitario.

Este interés de Kadaré por la tragedia clásica, en especial por la figura de Esquilo (no olvidar su ensayo de interpretación sobre el trágico griego), nutre de dinamismo a su narrativa y tras la cortina de su labor paciente asoman los mitos clásicos y cualquier acto se transforma en un eco que resuena en donde haya un gobierno autocrático. La tentativa del abuso habita en las sombras. En las virtudes protagónicas del héroe clásico resuena el enigma de la condición humana, y ahí es posible vislumbrar al menos uno de sus perfiles. En *El general* la vértebra que ordena el relato es la memoria. Se rescata a los muertos porque el recuerdo debe quedar en paz, porque hay que depositar la caja con una gota de pertenencia que es la sangre de padres o hijos. Luego, cerrar los ciclos, pasar la hoja.

El acto narrativo pierde su rostro y se configura de nuevo en cada entrega. *Réquiem por Linda B.*, por su parte, es otro ejercicio de memoria y una denuncia de los procedimientos inquisitoriales propios de un sistema autoritario. La historia del dramaturgo Rudian Stefa, que dedica uno de sus libros a "Linda B.", detona una pesquisa de corte paranoide por parte de las autoridades, dado que esa mujer es parte de la familia que tuvo que marchar al exilio cuando se dio el golpe de estado que llevó a las autoridades al poder. De ahí la preocupación y la sospecha. La mujer está desaparecida y se teme que pueda merodear las fronteras del país y, de ahí, intentar una venganza política. No hay poder que se ejerza con absolutismo y sin miedos. El abuso siempre conlleva una comezón en la nuca. Llega el tiempo de dormir con un ojo abierto. Tirana es el escenario arquetípico de sus novelas, lugar de injusticia y dolor, pero en especial de perplejidad. El originario de los Balcanes crece con un rostro permanente de interrogación, ya que la turbulencia política jamás termina de sacudirse.

Las formas crepusculares del yo, el presidio de la conciencia y las formas imperceptibles de violencia sobre la vida cotidiana, giran alrededor de un centro único: la sublimación del ser en un medio en que las almas padecen un quebrantamiento esencial. Gógol y las almas muertas, de nuevo. Aquí el imperio de la murmuración impone sus leyes y estas son inquebrantables. La dictadura militar del siglo XX revitalizó los procedimientos del santo oficio y elevó su legitimidad a través de razonamientos patológicos, aunque todos legales.

De ahí que *El general* y *Réquiem* logren conectarse. Son fragmentos de un tapete largo, con escenas pavorosas. Kadaré escarba túneles secretos desde donde admirarse de la tragedia balcánica. Son pasadizos que atraviesan *La pirámide*, *El cerco* o *Spiritus*, todas novelas que relatan el aspecto trágico de cómo el ejercicio del poder político enajena a los seres, despojándolos de lo esencial, que es la libertad. Al recibir el premio Príncipe de Asturias, el albanés aprovechó la ocasión para reafirmarse como un novelista que confía en el poder de la creación para transformar al mundo. Es cierto: no organiza un levantamiento armado y no arenga a la multitud en las plazas. Su transformación es de orden estético, es un rumor en medio de un océano revuelto. Pero late, aún con todo.

En la reiteración de su admiración por el legado cervantino, Kadaré da la espalda al museo de horrores que habita nuestro amanecer diario de muertes e injusticias, y aún con todo lo encara. Pasa de largo ante las facilidades que ofrece la literatura testimonial a secas, y utiliza su calidad de testigo-víctima-partícipe para intentar la forma ideal de un presente novelado. Presente perpetuo, para desgracia de todos. Aquí la tentativa no es escueta. El arco dilatado de una narrativa que trenza las formas agónicas del ejercicio de la libertad en el siglo XX, se curva hasta quedar a punto de romperse. Y ahí resiste, agónica. Desde esa tensión, delgada y translúcida, a la manera de una telaraña, es posible leer a Kadaré. La realidad queda afuera, en su aislamiento consabido: incomprendida, pragmática, tejida tras intereses.

IV. ENTRÓPICOS

El arte nos hunde en el corazón del misterio inefable, el arte, el único sistema de vida y de expresión que nos dice aquello que casi no puede decirse, es decir lo indecible. Al mismo tiempo, uniendo nuestro arcaísmo común a nosotros y a nuestras vidas separadas, mostrándonos al mismo tiempo cómo el mundo está por hacerse, nos lleva al borde de lo que queda aún por hacer o de lo que no puede hacerse ya. El arte dice pues lo "indecible". No hay obra de gran envergadura que no nos conduzca, que no nos prepare a escuchar el silencio.

Eugène Ionesco, *El hombre cuestionado*

Grossman y el destino de una novela

El resultado del alzamiento de los marineros de Kronstadt, en 1921, presagió que el régimen soviético no dudaría en utilizar la mano dura para consolidar el naciente experimento socialista. Los años de inicio requerían disciplina y un ejercicio prolongado de asedio en contra de las amenazas de la disidencia. Durante la administración de Lenin se decidió el destino del zar Nicolás II y su familia, retenidos durante meses y luego ejecutados en el sótano de una casa campestre en Yekaterimburgo, en 1918, para después sepultarlos en una fosa sin identificar. Y aún con todo, habría que esperar el juego macabro de la llegada al poder de Stalin para vislumbrar —y aún hoy continúa la investigación para documentar el número de muertos y desaparecidos a lo largo de sus años de terror—, el significado de lo que serían las purgas políticas y de neutralización de la disidencia en el siglo XX.

Los historiadores coinciden en que el régimen de producción de la Rusia zarista era agrario. Asimismo en la contradicción inherente al sistema soviético respecto a que, según la propia teoría marxista, sería la desigualdad social provocada por el avance industrial, la que destrabaría la apatía de la historia, instaurando la dictadura del proletariado. Pero no sucedió así. Al igual que en las diversas revoluciones socialistas del siglo pasado, resultó ser una minoría ilustrada la que determinó implementar un régimen de naturaleza colectivista. Si esta contradicción fue o no una causa indiscutible en el derrumbe de la Unión Soviética, luego de varias décadas, continúa en debate. Aunque no así que fue Stalin quien debió hacer frente al reto de construir el socialismo en un país no desarrollado, siendo el único hasta ese momento. Además, como si esto no fuese suficiente, hacerlo de inmediato ya que urgía paliar la fricción irreversible que surgió entre las variables del sistema de producción y las condiciones de vida material.

El resultado a corto plazo fue la hambruna —que alcanzó niveles alarmantes—, la purga generalizada de enemigos políticos y el deterioro de las relaciones internacionales. Stalin jamás fue partidario del debate, ni aún en el seno del Politburó, y cierta inseguridad congénita lo orilló a radicalizar la persecución de sospechas mediante un control paranoide de la vida privada. La suma de contradicciones se tradujo en un aumento del deterioro de la vida social, lo cual puso a prueba la fortaleza del denominado "estalinismo" que reunía, además, culto a la personalidad, énfasis en la vida militar y ausencia de información disponible a la ciudadanía.

Por lo anterior, se multiplicaron los *gulags*, la sospecha reinaba en el centro de la vida política y se padeció una caída generalizada de la producción interna. Es posible leer un retrato inmejorable sobre los procesos de la policía secreta en *Archipiélago Gulag* (1973-1978) de Aleksandr Solzhenitsyn quien, como se sabe, sufrió el acoso de las autoridades soviéticas y por consecuencia el exilio durante dos décadas. Pero el punto de inflexión en la gestión de Stalin sería la Segunda Guerra Mundial. El ansia de Hitler por dominar Europa despertó la ofensiva de la Unión Soviética y se inició una resistencia que tuvo su punto más alto en la batalla de Stalingrado (1942-1943), ciudad a orillas del Volga. Una guerra considerada "ratonera", ya que la ciudad se tomó cuadra por cuadra y se dieron enfrentamientos cuerpo a cuerpo, además de que los francotiradores imponían su ley sin ser vistos. De pronto, los cuerpos se desplomaban.

Vasili Grossman (1905-1964) fue un testigo privilegiado de los hechos de la contienda como reportero del periódico oficialista del Ejército Rojo *Krasnaya zvezda* ("Estrella roja") y derivado de esa experiencia se dio a la tarea de escribir uno de los libros más notables para meditar la historia trágica del siglo XX: *Vida y destino* (1959). A la batalla de Stalingrado, que duró menos de seis meses, se recuerda por el número de muertos —altísima, era previsible—, por la crudeza del invierno ruso, la revelación de muchas limitantes del ejército alemán y por la negativa de Hitler, vergonzosa y lamentable, de retirarse a tiempo, antes de que tantos soldados alemanes perecieran por inanición, hipotermia o heridas sin la debida atención médica. La victoria de la Unión Soviética sobre el 6º Ejército Alemán se interpretó como el primer fracaso de la tentativa hitleriana y esto modificó la percepción que se tenía del Tercer Reich. El gigante, al fin, mostró que sus pies eran de barro. La propaganda soviética oficial no dudó en proclamar que la tumba del fascismo estaba cavada y esperaba a su morador. Y partir de ahí, diversos acontecimientos se sucedieron hasta el insalvable fin de la guerra.

Vida y destino es un fresco narrativo, ambicioso y preclaro, sobre "una de las grandes calamidades del siglo XX", según palabras del propio Grossman. El armado es minucioso y concluye apocalíptico. De igual modo, el aliento descriptivo respira de la transparencia periodística pero abre espacio para la reflexión histórica, el ensayo alrededor de objetos mínimos y una visión personal sobre la fenomenología de la burocracia soviética. Cierta lectura superficial de la novela, muy reiterada en la prensa, tiende lazos con la silueta de *Guerra y paz* de Lev Tolstói, pero esta similitud resulta inexacta ya que toda la escritura de Grossman figura cifrada en torno a la acentuación de los daños que el totalitarismo provoca en el individuo. La distancia entre ambas novelas gana consistencia en la forma del totalitarismo moderno, muy distinto al que motivó la invasión napoleónica. Lo mismo puede leerse en *Todo fluye* (1970), una novela corta —para las dimensiones usuales de Grossman—, que denuncia los excesos del totalitarismo. *Por una causa justa* (1954), por su parte, puede leerse como un prólogo a *Vida y destino*, y ambas novelas forman un díptico narrativo-histórico sobre la Segunda Guerra Mundial.

Grossman mantiene, a lo largo de su construcción novelística, una cadencia documental a la manera de un vaivén. Hay una motivación continuada por recrear los días de Stalingrado. La aparición de personajes resulta abrumadora y entran y salen figuras históricas antes de su consagración, tales como Nikita Khrushchev, Lavrentiy Beriya o incluso Dolores Ibárruri, "La pasionaria", de quien uno de los personajes de la novela afirma que perdió un hijo en Stalingrado. Este mosaico de un episodio definitivo de la historia se condensa en poco más de mil páginas. Muchas de ellas son rescritura de informes enviados a "Estrella roja", y de la lectura pausada de la novela se intuye que Grossman postula que la repercusión del acto histórico es tal que empleará todas las páginas necesarias para organizar los hechos a su modo. Estamos ante un libro de historia contada por un testigo de primera mano. La guerra, en su dimensión épica, es un abismo de amnesia en donde el hecho ciego —ese perfil único que ambos mandos daban lejos de los acontecimientos—, determina la cronología de los días más aún que la disciplina del reloj o los calendarios. Al fin, construye la historia del hecho que él quisiera leer y refiere: "hay una sensación que los participantes en un combate pierden casi por completo: la sensación del tiempo".

La novela es una de las arquitecturas más apreciables del siglo XX y cuyos alcances apenas se perfilan. El libro de Grossman, incluso, funciona como diccionario de términos al uso dentro de los campos de trabajo, prisiones, cuartos de hotel y hasta en reuniones de oficiales alemanes. Una radiografía incuestionable que incluye cartílagos, ligamentos y hasta huesos diminutos. Grossman presintió que atestiguaba una inflexión de la historia, la cual habría de partirse de nuevo con el fin de la guerra. Y así fue. El aliento periodístico no se pierde en estas páginas, pero la válvula que libera la presión es de índole narrativa. La fusión está al punto. Cada escena novelada es transparente al lector y transita, cuando es necesario, de la burla lacerante a los excesos de la organización soviética, al relato del hacinamiento de algunos miembros de la familia Sháposhnikov.

El universo de esta novela contiene todas las galaxias imaginables. El microrganismo de la guerra se transforma y barre todo a su paso. Los protagonistas, elementos de un decorado, acatan órdenes de "centrales" o "funcionarios" que hablan desde un radio con interferencia. Una voz a distancia elije el número de víctimas para ese día. El original de *Vida y destino* desagradó a tal modo a las autoridades soviéticas, que fue decomisado y Grossman no pudo ver la novela publicada. Pasados los años una copia microfilmada llegó a Suiza y sólo entonces se imprimió. Desde ahí es un libro fundamental y a paso lento se descubre en los países de habla hispana.

El aporte del autor ucraniano a la clarificación de la operación de los campos de trabajo ha resultado de valor incalculable. Y lo mismo si se busca una novela de tensión constante y flujo libre que limita las explosiones de laboratorio. Aquí no hay experimentos formales, sino la confesión novelada de los linderos insólitos de la condición humana. La mala fortuna del manuscrito y la parsimonia proverbial de la burocracia rusa —mucha de ella incluso utilizada como material para narraciones como en *Las almas muertas* de Gógol, o en ciertos fragmentos de *Crimen y castigo* de Dostoievsky—, retrasó la circulación mundial de *Vida y destino* y por tanto su reconocimiento como una de las novelas catedralicias más incisivas contra el fascismo, al grado de continuar la tradición novelística rusa y además unirla con el resto de la producción europea.

Por suerte la exhumación paulatina de la obra de Grossman sigue su marcha. Ya es posible leer fragmentos y apuntes de su labor periodística en *A Writer at War: Vasily Grossman with the Red Army, 1941-1945* (2006), que igual funciona como una iconografía de aquéllos días. También se encuentra disponible una reunión de relato corto y ensayo en *The Road: Stories, Journalism, and Essays* (2010), compilada por su traductor al inglés, Robert Chandler. Y en otra vertiente, lejos de los hechos de Stalingrado destaca *An armenian scketchbook*, un volumen de escritura suelta y apuntes variados sobre un viaje a Armenia, que confirma que el periodismo es una formidable escuela de autores de largo aliento y las obras de Grossman son prueba de ello. Un libro muy próximo a *El imperio* (1993) de Ryszard Kapuściński, alrededor de aquél viaje a la antigua Unión Soviética, previo al desplome.

Así, el mapa de una obra arrancada a los hechos de la historia se dibuja de modo pausado. Una tragedia mayor en el contexto de una fotografía más amplia, se integra en piezas narrativas translúcidas y destellos de la visión personalísima de Grossman figuran entre líneas a lo largo de las páginas de *Vida y destino*. Aquí lo pudiera servir como epílogo a los hechos trágicos del siglo XX: "el fascismo y el hombre no pueden coexistir. Cuando el fascismo vence, el hombre deja de existir, quedan sólo criaturas antropoides que han sufrido una transformación interna".

Julio Cortázar, crítico literario

Con Julio Cortázar sucede lo que con cualquier otro escritor de nuestro tiempo: su desaparición física funciona como un impulso para leerlo con distancia crítica. La fuerza de su narrativa ha dejado de lado la lectura de su labor como crítico literario y cultural. La lectura de conferencias como *Algunos aspectos del cuento* o *Para una poética*, enriquecen el alcance y perspectiva que se tienen de su obra. Tres volúmenes de obra crítica, editados por Saúl Yurkievich, Jaime Alazraki y Saúl Sosnowski, además del extenso volumen que Cortázar publicó con el título *Imagen de John Keats*, trazan un recorrido que apenas se conoce por sus lectores.

El autor argentino dedicó horas a la reflexión sobre la tarea creativa del escritor. *Teoría del túnel* (1947) expone con lirismo crítico sus ideas sobre la novela. Es un libro que puede leerse como un manifiesto personal sobre el género, como un diálogo entre las potencias creativas de la primera mitad del siglo XX: el existencialismo y el surrealismo. Cortázar descree de ambas, pero no las desestima. Del primero rescata la vivencia recóndita e inmediata; y del surrealismo, la capacidad de fabulación. Ese libro se lee con forma de amalgama, a la manera de una conjunción de tendencias al parecer opuestas, que al perder su compuesto disgregante se mezclan. Escribe: "reafirman con amargo orgullo que el paraíso está aquí abajo, aunque no coincidan en el dónde ni en el cómo, y rechazan la promesa trascendente, como rechaza el héroe, el corcel para la fuga". Al final, aborda la historia de la novela y se pronuncia sobre las diversas formas del género. Kafka,

Proust y Joyce son algunos de los nombres recurrentes en sus páginas.

Sobresalen sus textos sobre la novela en el mundo hispanoamericano. *Notas sobre la novela contemporánea*, *Un cadáver viviente* o *Situación de la novela contemporánea*, confiesan su postura frente a los experimentos narrativos. Conoce a fondo la crisis de la novela, sus docilidades y temperamentos. Se lee en *Situación de la novela contemporánea*: "La novela es una mano que tiene la esfera humana entre los dedos, la mueve y la hace girar, palpándola y mostrándola". Una constelación de nombres, citas y comentarios revelan a un Cortázar intuitivo aunque poseedor de un conocimiento extensivo del género. Un apunte de 1950: "Creo que la novela que hoy importa es la que no rehúye la indagación de la culpa".

De mayor relevancia que sus evaluaciones sobre la novela, son las conferencias *Algunos aspectos del cuento* o *Para una poética*, además de la biografía de Edgar Allan Poe que escribió como prefacio para su traducción de los cuentos para la Universidad de Puerto Rico (1956). La primera conferencia es una evaluación del género a lo largo de la historia para concluir sobre el cuento hispanoamericano. Cortázar rehúye el juicio, la condenación y la entrega fácil, pero confirma que en el centro del acto creativo late un misterio. No existen fórmulas para abordar la escritura como no sea la escritura misma: el hallazgo se da en la búsqueda y no en la inmovilidad. ¿Cuándo está listo un cuento? Imposible saberlo a menos que sea por la intuición de su autor.

Imagen de John Keats es un ensayo de largo aliento que aborda la vida y obra del autor inglés. El ensayo inicia como una lectura meditada de su poesía. Muestrario, diario de anécdotas relacionadas, chispazos de pasiones y atisbos sobre el romanticismo inglés. Este escrito es un diario personal de lectura para dialogar, a través de la palabra poética y la crítica, con la poesía de Keats.

Manual de Alejandro Rossi

"Singular" es el adjetivo para la narrativa de Alejandro Rossi (Florencia, 1932-2009), no importa si se lee el *Manual del distraído* o *La fábula de las regiones*. Ahí no es posible determinar bien a bien el inicio o final de los objetos, pues todo confluye en una masa que evade la suplantación. Es posible leerlos como uno solo, cual si fuese un palimpsesto que desafía las clasificaciones.

¿Qué leemos en sus libros? ¿Un apunte filosófico, una socarronería para los ojos avispados? ¿Una nota sobre los objetos que nadie observa por cínicos, o la caricatura de las tesis filosóficas más sesudas, dibujada con las cenizas del juego de la modernidad? En Rossi se cumple la sentencia estilística que prohíbe que ciertos objetos puedan ser abordados por la literatura, con lo cual se dispara la imaginación sobre lugares y situaciones inéditos. La suya es una voz que desmenuza. Cada línea revela que el acto de la lectura es tan sólo un acercamiento, pues la lectura total no está al alcance de los hombres. Sorprenden los giros verbales que revelan una mirada puntual y minuciosa de la vida que se antoja trivial.

Imagino a Rossi como lector de diarios y

memorias. Con un estilo sin esa afectación proclive al envejecimiento prematuro, no termina de visitar sus recuerdos, obsesiones y anhelos. Y no termina de visitarlos porque siempre es posible alterar la perspectiva y mirar desde un ángulo insólito, al modo Tanizaki en *Elogio de la sombra*. Los recuerdos de su infancia aparecen como un campo fértil para la ficción. "La realidad, al pasar por la literatura, se organiza y cambia", se lee en una página de sus libros.

Leo en *Cartas credenciales* los dos elementos que han conducido su tentativa literaria: "respeto al lenguaje y una especie de broma de la vida interior o comedia de la conciencia". En él hay un sentido de pericia y hasta pudor. Sus obras son circulares y metódicas, tal y como lo exige el modelo aristotélico, y digresivas sin ser diarreicas. Todo en Rossi habla de respeto al lector moderno, pues está consciente de que la lectura es un lujo y una batalla contra el tiempo: se lee lo que se puede, pues aún con algo de tiempo disponible, el acecho de la muerte jamás termina. Su vigencia y modernidad están a la vista: por una parte, hay un impulso aristocrático que detona esa narrativa que evade los coloquialismos facilones, que roe los huesos de la narración, y que se instala en ese interregno que es conquista del siglo XX: el yo. De igual forma, hay un balanceo que oscila entre la felicidad de forma derivada de Montaigne, y un juego ante la exploración de las posibilidades del lenguaje.

Las lecturas reiteradas a su obra me han llevado a considerar que *En plena fuga*, texto incluido en *Café con Gorrondona*, es una suma de su obra. Ahí aparecen, sugerida la mirada sobre el flujo de la cotidianeidad, el apunte filosófico que no requiere nombres, fechas y anécdotas y una declaración aplicable a toda su obra: "Yo simplemente estoy sentado, sin exaltaciones filosóficas ni chimeneas crepitantes", y más adelante: "Me interesan más las fisuras insidiosas de la vida cotidiana, obra de roedores, no de demiurgos". Cada mirada que proyecta sobre el mundo fenoménico tiene la cualidad de figurar trasmutada por el ritmo de narrar. "Escribo sobre *Reloj de Atenas* porque me gustó", declaró Rossi después de su lectura de los apuntes Jaime García Terrés de su estancia en Grecia. Y qué mejor excusa para entrar a un libro que el gusto personal. No obstante que Rossi, en *Cartas credenciales*, traza para sus lectores y los filólogos del futuro un itinerario de influencias, amores y decepciones: la restitución de lo cotidiano.

Pero en Rossi establecer filiaciones inamovibles y juicios a la deriva, es cometer el pecado de los glosadores que imaginaron ser los auténticos intérpretes de la Escritura. En su obra se da el hallazgo de lo súbito para los ojos que vuelven con paciencia, tesón y sed de aventura. "Monarca de un mundo diminuto", se postuló en alguna línea una voz que pudiera ser la de Rossi, pero que por su intención y alcance podría ser la nuestra.

El viaje de Bertrand Russell

Bertrand Russell (1872-1970) es uno de los pensadores que me han sacudido prejuicios, y han sabido guiarme en tiempos de pesadumbre. La imagen que tengo de él está ligada a la voluntad de lograr que el pacifismo fuera una opción política viable frente al desarme, así como de ese escepticismo que mantuvo a lo largo de su vida. El Russell que me cautiva está lejos del erudito que motivó una revolución en la filosofía con *Principia Mathematica* (1910-1913), escrito en colaboración con Alfred North Whitehead.

El legado de Bertrand Russell está en sus conferencias, en sus divagaciones por temas tan diversos como el matrimonio, la moral sexual del mundo contemporáneo, las formas degradas de nuestra educación, la irracionalidad de la guerra, los procesos del conocimiento en un mundo tecnificado y más dependiente de la imagen para interpretar el mundo, entre muchos otros tópicos. Su obra es una de las más diversificadas e intensas del siglo XX.

Russell no refuta las verdades tenidas por absolutas, y se limita a ofrecer elementos de juicio. Pero toda su obra es una delicia. No importa si se lee *Matrimonio y moral*, *Autoridad e individuo*, *Religión y ciencia* o *¿Por qué no soy cristiano?* Y cómo no sentirlo entrañable con líneas como ésta, extraída de *Principles of social reconstruction* (1916): "El sistema de exámenes y el hecho de que la instrucción se trata principalmente como un entrenamiento para ganarse la vida, lleva al joven a considerar el saber desde un punto puramente utilitario, como un medio para ganar dinero, no como la puerta a la sabiduría".

Pocos recuerdan que le dieron el Nobel de Literatura en 1950, y que acaso sea uno de los más merecidos y menos debatibles en la historia del premio. Pensador moderno, Russell intuyó que a mayor caudal de conocimiento científico, mayores probabilidades de darle mal uso y provocar dolores a víctimas inocentes. Su modelo de pensamiento liberal, de educación, de comportamiento sexual y de encarar el juicio de la historia, lo coloca en un lugar de privilegio frente a sus contemporáneos y lo vuelve una figura de referencia inevitable para quien deseé aproximarse al siglo que ya se fue. Porque Russell presenció las mayores convulsiones del siglo: las dos grandes guerras, el periodo de la guerra fría, la bomba atómica, el desarme de los países poderosos, el desastre que los Estados Unidos crearon en Vietnam, etc. Y ese *estar presente* no pasó desapercibido en sus escritos. Escribe en *De la historia*: "Sólo el pasado es verdaderamente real; el presente no es más que un penoso y forcejeante nacimiento en el seno del inmutable ser que ya no es".

Según su *Autobiografía* (1968-1970), Russell fue privado en 1944 de la cátedra que dio durante varios años en City College de la Universidad de Nueva York. Algunos clérigos se encolerizaron por sus escritos de tema religioso incluidos en *Lo que creo* (1925). El carácter múltiple de sus escritos puede atemorizar a cualquiera, pues casi cubre todas las preocupaciones que se dieron cita en el siglo XX, pero hay tres constelaciones que resaltan debido a su vigencia, lucidez y magisterio: su faceta como filósofo de la educación, en donde buscó no enlodarse en meros esquemas abstractos y optó por la praxis, edificando un modelo de educación no tradicional como forma de exploración de la mente; su faceta como historiador de la filosofía y como teórico de la historia en general, pues abrió nuevas formas de interpretación lógico-histórica y en donde luce esa mentalidad abierta a todos los juicios; y su papel como crítico del pensamiento religioso, al que dedicó cientos de páginas y en las que priva el espíritu científico y el debate.

Russell fue un filósofo de lugar inaplazable en el pensamiento contemporáneo. El estructuralismo francés de la posguerra se nutrió de su labor, pues Wittgenstein fue su alumno en Cambridge. En él se unieron la figura del pensador y el partícipe, del escritor y el actor, del zorro y el puercoespín, según la taxonomía de Isaiah Berlin. Sus interlocutores fueron el poder y el conocimiento, la sabiduría y la inopia, la entrega y la contemplación. Aquí su visión del pensamiento: "Los hombres temen al pensamiento como no temen a ninguna otra cosa en la Tierra; más que a la ruina, más que a la muerte. El pensamiento es subversivo y revolucionario, destructor y terrible; el pensamiento es inclemente con los privilegios, las instituciones establecidas y los hábitos cómodos; el pensamiento es anárquico y sin ley, indiferente a la autoridad y despreocupado de la bien probada sabiduría de la edad".

Formas de Kawabata

Lector de Akutagawa y después consejero y amigo de Yukio Mishima, polígrafo y cineasta de vanguardia, solitario proverbial y acaso el glosador más entendido en *La historia de Genji*, organizador y principal artífice de la *Escuela de la Nueva Sensibilidad*, Yasunari Kawabata (1899–1972) rebasa la calidad de *souvenir* literario de oriente en tierras occidentales, y se instala con delicadeza en el corazón de la modernidad literaria, amante de la pincelada y el dibujo suelto.

Historias en la palma de la mano es una obra

miscelánea, escrita a lo largo de casi cincuenta años (1923–1972). Puede leerse como un diario de sueños, entusiasmos y rencores, pasando de la viñeta surrealista a la consignación de un hallazgo súbito en medio de la nada cotidiana y, de ahí, al esbozo de la novela que jamás pudo escribirse. Quizá sea su obra más personal, y es bocado tanto para el erudito que pretende cartografiar cambios de estilo a lo largo de las décadas, como deleite para el visitante ocasional de sus páginas. Es Kawabata en estado puro: prosa transparente, plena en sus límites, oceánica en sus vaivenes.

Kawabata recibió en Nobel en 1968. Y se recuerda como una de las premiaciones que no provocaron el rumor, el comentario sañudo, la suspicacia necesaria. Fue el primer japonés en recibirlo y después de él la academia sueca sólo ha premiado a otro connacional, Kenzanburo Oé (1935), autor copioso y explorador atípico de la tradición japonesa. De una línea del discurso de premiación de Kawabata, texto que a un tiempo es escaparate de lecturas y retrato autobiográfico, puede extraerse su poética: "Una sola flor brilla más que un ciento". Síntesis, concentración, misterio. Kawabata se ocupa en narrar los detalles en que nadie repara: el movimiento de la realidad que se antoja imperceptible al ojo distraído, el flujo de la inquietud que sólo la delicadeza de espíritu puede entrever.

Amalia Sato, traductora y prologuista del volumen, refiere que el propio Kawabata redujo, poco antes de su muerte, su novela *País de nieve* a un "relato en la palma de la mano", que dejaba fuera lo accesorio para concentrarse en las esencias, el trazo, la idea. Al final, los capítulos aparecían dibujados en imágenes y secuencias, sin eslabones ni entramados. Todo muy cinematográfico y poético a un tiempo. El devoto de la miniatura, de la talla fina, encontrará pasto fértil en esas *Historias*, que están armadas como declaró Alejandro Rossi que escribió el *Manual del distraído*: "con amor al detalle".

Postal de Borges y Buenos Aires

La literatura moderna puede leerse como un diálogo —a veces a gritos, a ratos en silencio y en ocasiones con una mezcla de ambas maneras—, del escritor y la ciudad, ya sea con aquélla que lo abriga de manera natural por ser su lugar de nacimiento, o sea por una elección voluntaria de mudanza. En las letras hispanoamericanas modernas ese diálogo, hostil, complaciente o lúcido, tuvo a lo largo del siglo pasado la marca infame del desplazamiento forzoso, la persecución política o, en el mejor de los casos, la salida voluntaria por una incapacidad ética para tolerar el estado de las cosas.

Dentro de ese diálogo con la ciudad, la figura de Jorge Luis Borges (1899-1986) resulta significativa ya que nadie como él exhibe, de manera tan continuada, una fascinación por Buenos Aires, ciudad de su nacimiento. No es difícil extrañarse —y más de uno lo ha hecho—, de que con ese fervor por el Palermo de su infancia, así como por los corredores estrechos de la calle Florida, el autor argentino haya ido a morir a Ginebra. Pero la presencia de Buenos Aires es de tal modo palpable en su obra, que nadie podría negarle un sitio de privilegio en el abanico de temáticas que el argentino eligió para componer poemas, milongas, relatos y hasta reseñas periodísticas.

Buenos Aires es una geografía que pende de un

modo físico en su obra. Es lugar de encuentro, nostalgias y regreso interminable: Ítaca personal en Sudamérica. No es casual que su primer poemario, aquél en donde el autor argentino decía que podían hallarse todos los temas que elaboraría a lo largo de su vida, se titulara *Fervor de Buenos Aires* (1923). Escribe Borges en el poema que abre el libro:

> *Las calles de Buenos Aires*
>
> *ya son mi entraña*
>
> *No las ávidas calles,*
>
> *incómodas de turba y de ajetreo,*
>
> *sino las calles desgranadas del barrio*

Este diálogo continuó hasta el fin de sus días. Dos años antes de su muerte, en *Atlas* (1984), libro que recorre ciertos lugares íntimos para Borges, escribió que a Ginebra, además del descubrimiento de Schopenhauer y Conrad, le debía "la nostalgia de Buenos Aires". Así, a la distancia, en los días cálidos de Mallorca, en las tertulias de Madrid con Cansinos Assens en el Café Colonial y en las bibliotecas suizas en donde aprendió por sí mismo alemán en 1916, Borges descubre lo enigmático y hondo de su amor por Buenos Aires.

En la *Autobiografía* que escribió en colaboración con Norman Thomas di Giovanni en 1970 y que se publicó en inglés en las páginas de *The New Yorker*, el autor de *El Aleph* refiere ese descubrimiento en los siguientes términos: "Aquello fue algo más que un regreso al hogar; fue un redescubrimiento. Fui capaz de ver a Buenos Aires con avidez y vehemencia porque había estado fuera mucho tiempo. La ciudad, no toda la ciudad, por supuesto, sino algunos pocos lugares que emocionalmente me significaban algo, inspiraron los poemas de mi primer libro *Fervor de Buenos Aires*". En estas evocaciones de Buenos Aires figura el mismo Borges que está detrás de los cuentos, ensayos o divertimentos eruditos. Asimilar el binomio Borges/Buenos Aires representa una inmejorable oportunidad de aproximarse a una de las figuras tutelares de las letras hispanoamericanas del siglo XX.

Borges afirmó que jamás abandonó la biblioteca de su padre, el "evento capital de su vida". Una biblioteca llena de libros ingleses que lo dotaron de un olfato excepcional. Hizo la misma afirmación, aunque con menor frecuencia, respecto de Buenos Aires. Ciudad mítica y esencial: lugar de encuentro, de pasiones sin límite y con ese sentido arquitectónico de la mesura, en donde reina la elegancia y el pudor ante la exhibición de sus prioridades y fortunas. En un primer periodo poético, Borges se reafirma urbano. Su periodo ultraísta, granjeado por un afán renovador y derivado de la influencia de sus amistades españolas, lo llevó al descubrimiento de la ciudad. Conforme avanzaron los años e inicia la exploración de otros temas en su obra poética —el Golem, la historia argentina o sus antepasados militares—, Borges se interroga y vuelve aunque jamás desestima su fascinación por las calles de su infancia.

Fervor de Buenos Aires es un mosaico de lo que sería la poética borgeana. Ahí aparecen la mirada atípica, reconcentrada de una ciudad febril y familiar, patética y cansina: "Para mí, *Fervor de Buenos Aires* prefigura todo lo que haría después". En poemas como *La Recoleta*, *La Plaza San Martín* o *Rosas*, de ese primer libro, aparece la evocación de la ciudad. Aquí unas líneas de *Arrabal*:

> *Esta ciudad que yo creí mi pasado*
>
> *es mi porvenir, mi presente;*
>
> *los años que he vivido en Europa son ilusorios,*
>
> *yo estaba siempre (y estaré) en Buenos Aires.*

Cuando Borges redacta los poemas de *Fervor de Buenos Aires* está inmerso en el movimiento ultraísta, vindicador de la metáfora pura, a la manera de Lugones, y de la condensación de la imagen como una forma de abrirse paso entre las brumosas entre verso libre y forma clásica. En *Luna de enfrente* (1925), su siguiente poemario, aparece de nuevo esa mirada sobre la capital argentina, transfigurada en Montevideo. Escribe Borges en *Montevideo*:

> *Eres el Buenos Aires que tuvimos, el que en los años se alejó*
>
> *quietamente.*
>
> *Eres nuestra y fiestera, como la estrella que duplican las aguas.*

De este modo, Buenos Aires destella incluso cuando se cruza el Río de la Plata. Montevideo, parece referir el autor argentino, sería una porción excéntrica frente a su visión porteña, al igual que América Latina lo es del continente europeo. Ciudades espejo divididas por un río. Se lee en *Calle con almacén rosado*:

> *Pienso y se me hace voz ante las casas*

la confesión de mi pobreza:

no he mirado los ríos ni la mar ni la sierra,

pero intimó conmigo la luz de Buenos Aires

y yo forjo los versos de mi vida y mi muerte con esa luz de calle.

Sólo trascurrieron dos años entre la publicación de un poemario y otro. *Luna de enfrente* presenta un tránsito inmóvil en la poética borgeana, una capitulación de una tarea que había iniciado años atrás, cuando los anhelos juveniles aún no lo habían abandonado y el entorno es un elemento central de la composición. Un ejemplo en *Jactancia de quietud*:

Mi patria es un latido de guitarra, unos retratos y una vieja espada,

la oración evidente del sauzal en los atardeceres.

El tiempo está viviéndome.

La distancia puso de manifiesto esta relación simbiótica entre Borges y Buenos Aires, es decir, entre el escritor y la ciudad. Compara el argentino la situación de la ciudad entre sus dos primeros poemarios: "La ciudad de *Fervor de Buenos Aires* no deja nunca de ser íntima; la de este volumen [*Luna de enfrente*] tiene algo de ostentoso y de público". En Borges la presencia de la ciudad tiene una elaboración distinta a la que se puede leer en la obra de Octavio Paz. Para el argentino la evocación es de corte intimista y Buenos Aires es la misma que sus ojos vieron de joven, y en donde el progreso pareciera tener más bien un aspecto negativo en la configuración de esa urbe. Buenos Aires es una imagen, una idea presente y un puñado de fuerzas que compelen a la escritura. Geografía que es poesía, composición y asimismo estructura.

Con el siguiente poemario, *Cuaderno de San Martín* (1929), acaso uno de los más decantados de su obra poética, aparece uno de los poemas que representa un hito en esa relación sutil pero siempre tensa entre Borges y la ciudad. *Fundación mítica de Buenos Aires*, recuento lírico de lugares, historia e ideas, en donde Borges ajusta cuentas con ese lugar o lugares que, sin saberlo, lo formaron y en buena medida determinaron el límite de su tentativa como escritor. Cierra Borges el poema después de la enunciación inquieta de lugares entrañables:

> *A mí se me hace cuento que empezó Buenos Aires:*
>
> *la juzgo tan eterna como el agua y el aire.*

Y al juzgarla como ciudad inmóvil y eterna, la esboza con riqueza y sin pretensiones como el lugar esencial por naturaleza. El poema se ha vuelto célebre por esa tersura de aliento y dedicación con que Borges juzga a la ciudad de su nacimiento. *Fundación mítica de Buenos Aires* se complementa con otros poemas incluidos en *Cuaderno de San Martín*: *Muertes de Buenos Aires* y *El paseo de Julio*, en donde figuran imágenes de la ciudad incómoda, monolítica y vengadora cuando se requiere. Líneas de *El paseo de Julio*:

> *Barrio con lucidez de pesadilla al pie de los otros,*

tus espejos curvos denuncian el lado de fealdad de las caras,

tu noche calentada en lupanares pende de la ciudad.

Al año siguiente de la publicación de *Cuaderno de San Martín* Borges entrega a la imprenta *Evaristo Carriego* (1930), una biografía de un poeta popular que le descubrió las posibilidades líricas del arrabal. Ese libro es un acercamiento a fenómenos próximos a la marginalidad en Buenos Aires: el tango, los malevos, el cuchillero, los pendencieros del barrio y toda la temática que a los ojos de Borges era un actualización de la épica tradicional, encarnada en los combates que día con día se daban en los barrios del Palermo más bohemio ("La milonga es una de las grandes conversaciones de Buenos Aires...").

En la biografía de Carriego que se antoja un pretexto para entrar de lleno al tema de la ciudad, Borges ejerce ciertas libertades en la composición y abre el libro con una evocación, más cercana a la crónica que al retrato fijo, del Palermo de Buenos Aires, un barrio bonaerense representativo del hervidero cultural que era la ciudad por aquellos años. Microhistoria de un suburbio y representación de la diversidad de Buenos Aires, Palermo aparece a sus ojos como una posibilidad de ajustar cuentas con la ciudad esencial. Y lo hace: *Evaristo Carriego*, fuera del componente biográfico que pueda ofrecer (más bien nulo según el propio Borges, quien afirma en el prólogo que su libro es "menos documental que imaginativo"), queda, a los ojos del lector que busca esa filiación del escritor argentino con

Buenos Aires, como un antecedente significativo.

Esta primera etapa, hilada alrededor de sus tres primeros poemarios: *Fervor de Buenos Aires* (1923), *Luna de Enfrente* (1925) y *Cuaderno de San Martín* (1929), encarna a un Borges entusiasta y devorador de la ciudad. En lo sucesivo, dejando de lado a *Evaristo Carriego* (1930), la temática y el abanico compositivo se diversifica y Buenos Aires, ciudad esencial, aparece aunque lo hace de maneras distintas y acaso más sutiles que en los primeros años de construcción poética. Por supuesto la relación de Borges con Buenos Aires está lejos del nacionalismo y la exacerbación patriótica. Su longeva filiación a la ciudad tiene que ver más con la reiteración de una imagen de infancia, juventud y aún madurez, que con la defensa iracunda. Borges, escéptico de casi todo, no pudo dejar de serlo con sus propias admiraciones y deleites. Si bien es cierto que se han cartografiado con exhaustividad las relaciones del autor argentino con el poder político, es claro que la reflexión sobre Buenos Aires desde una perspectiva política entendida como punto de inflexión en la poética de un autor, queda en la sombra.

Además, Borges mismo emprendió un ajuste de cuentas con lo que fuera uno de los demonios del siglo xx: el nacionalismo. Escribe en *Otras inquisiciones* (1952) no sin ironía: "Las ilusiones del patriotismo no tienen término", para luego enumerar, con socarronería los excesos en los que se ha caído en la historia por el fervor de la patria. Concluye con unas palabras a las que les fue fiel mientras vivió: "El nacionalismo quiere embelesarnos con la visión de un Estado infinitamente molesto; esa utopía, una vez lograda en la tierra, tendría la virtual providencial de hacer que todos anhelaran, y finalmente construyeran, su antítesis".

Después de la publicación de *Evaristo Carriego* (1930) y dejando de lado los libros de ensayo que el propio Borges condenó (*Inquisiciones*, 1925; *El tamaño de mi esperanza*, 1926; *El idioma de los argentinos*, 1928), el tema de Buenos Aires y aún su mención pasan a un segundo término. No desaparece del todo y esparcidas, aquí y allá, hay referencias, alusiones y señalamientos diversos. Acaso en *Discusión* (1932) sean dos ensayos, *La poesía gauchesca* y *El escritor argentino y la tradición*, los que abordan la presencia de Buenos Aires no en sus propios trabajos, pero sí en la elaboración de la tradición literaria argentina la cual, según sus propias palabras, "ya existe en la poesía gauchesca". Esa arqueología del origen se volvió búsqueda personal. *Historia universal de la infamia* (1935), miscelánea de textos en los que Borges comenzó a explorar las posibilidades de lo fantástico, a pesar de alcanzar a ratos cimas sublimes, resultan ser claras anticipaciones de los libros que algunos años después habrían de darle notoriedad en el mundo: *Ficciones* (1944) y *El Aleph* (1949).

Conforme Borges avanza en la elaboración de su proyecto narrativo, la presencia de Buenos Aires palidece aunque no se extingue. Los ensayos reunidos en *Historia de la eternidad* (1936) no hacen mención de Buenos Aires pero el juego de lo que años después los críticos denominarían "la estética de la inteligencia", comienza a mostrar sus posibilidades. Con *Ficciones* (1944) existe una recuperación en la aparición de la ciudad, aunque es mínima: los escenarios que elige Borges para construir su narrativa podrían ser Buenos Aires aunque no lo son de una manera expresa salvo en un cuento, *La muerte y la brújula*, del cual afirma que, a pesar de los nombres alemanes o escandinavos "ocurre en un Buenos Aires de sueños". El autor argentino, eludiendo las descripciones prolijas, presenta la ciudad esencial en líneas mínimas, tal como en *El sur*: "El hombre que desembarcó en Buenos Aires en 1871 se llamaba Johannes Dahlmann y era pastor de la Iglesia evangélica..."

La elaboración de *El Aleph* (1949) tuvo la misma consigna que *Ficciones* (1944), aunque esa eliminación de cualquier localismo y la tentativa de ser relatos muy ceñidos, cede y Buenos Aires aparece con más fuerza. En *El muerto* se lee: "Que un hombre del suburbio de Buenos Aires, que un triste compadrito sin más virtud que la infatuación del coraje..."; o en *El Zahir*: "En Buenos Aires el Zahir es moneda común, de veinte centavos..." Aparecen referencias adicionales pero ninguna tiene tal relevancia como la de haber situado el propio *El Aleph* en Buenos Aires. Un tributo involuntario, pero que tiene resonancia metafórica. El aleph, según el propio relato, "es un lugar donde están, sin confundirse, todos los lugares del orbe, vistos desde todos los ángulos": ¿y qué representa Buenos Aires sino la ciudad desde donde puede urdirse literatura en todos los ángulos? ¿Qué es, sino un lugar esencial, desde donde todo inicia y todo por fuerza debe concretarse hasta volverse aire de nuevo?

Borges guardó la expresión poética para exaltar o dialogar con sus recuerdos de Buenos Aires, así como su imagen de ella, imperecedera y vivaz. Su prosa, fuera de ensayo o relato, límpida y decantada, impedía el ejercicio del sentimentalismo, la nostalgia y la melancolía que caracterizó al escritor argentino. Salvo por la publicación de *El hacedor* en 1960, sus poemarios contienen alusiones o señalamientos de la presencia de Buenos Aires en su poética y en su vida cotidiana. Así, en *El otro, el mismo* (1964), uno de sus libros de mayor profusión y delicadeza ("es el que prefiero", según su autor), Buenos Aires reaparece y lo hace con una fuerza que no se había visto desde *Fervor de Buenos Aires*, en los tempranos años veinte. En el prólogo: "Ahí están [en *El otro, el mismo*] asimismo mis hábitos: Buenos Aires..." La enunciación está lejos de ser retórica, pues afirmó que no sólo se pasó la vida escribiendo el mismo libro, sino que se asumía como un autor más bien monótono. Varios poemas de *El otro, el mismo* (1964) cuentan con referencias a Buenos Aires. En *La noche cíclica* refiere el autor argentino:

> *Ahí está Buenos Aires. El tiempo que a los hombres*
>
> *trae el amor o el oro, a mí apenas me deja*
>
> *esta rosa apagada, esta vana madeja*
>
> *de calles que repiten los pretéritos nombres*
>
> *de mi sangre: Laprida, Cabrera, Soler, Suárez...*
>
> *nombres en que retumban (ya secretas) las dianas,*
>
> *las repúblicas, los caballos y las mañanas,*
>
> *las felices victorias, las muertes militares.*

Es natural que a la reflexión sobre el origen y destino de Buenos Aires se unan los antepasados de Borges. Éste, consciente del valor de ese pasado, lo rastreó y atesoró como un objeto valioso. *El otro, el mismo* puede leerse como una suma borgeana, al menos en lo que se refiere a su poética. En ese poemario aparece el espectro de sus preocupaciones y deleites: la historia argentina, las sagas nórdicas, el Golem, Swedenborg, Poe, Buenos Aires, etc. Todo convive en una conjunción que funciona a la manera de un compendio. En otro poema del mismo libro, *El forastero*, se lee:

> *Antes de la agonía,*
>
> *el infierno y la gloria nos están dados;*
>
> *andan ahora por esta ciudad, Buenos Aires,*
>
> *que para el forastero de mi sueño*
>
> *(el forastero que yo he sido bajo otros astros)*
>
> *es una serie de imprecisas imágenes*
>
> *hechas para el olvido.*

Asumido por el propio Borges como un poemario que busca ajustar cuentas con la vejez, *El otro, el mismo*, tiene esta licencia de mirar a la ciudad ya no como el lugar de origen, impulso y renovación, sino como la cuna de la tranquilidad y la paz del tiempo que se ha ido. Buenos Aires es una metáfora bicéfala: madre risueña y febril de los años mozos y elegante patrona de un terruño incierto. Escribe en *España*:

> *España de la larga aventura*
>
> *que descifró los mares y redujo crueles imperios*
>
> *y que prosigue aquí, en Buenos Aires,*
>
> *en este atardecer del mes de julio de 1964,*

El reconocimiento del legado español es una muestra más de que Buenos Aires no se estima a través del nacionalismo, pues en su riqueza y pluralidad admite el negocio de la camaradería histórica. Dos poemas más, titulados idéntico, *Buenos Aires*, enfatizan esta relación y la vuelven imperecedera. Dice el primero:

Ahora estás en mí. Eres mi vaga

suerte, esas cosas que la muerte apaga.

Y como si fuese un diálogo, responde el segundo:

No nos une el amor sino el espanto;

será por eso que la quiero tanto.

Cinco años después de la publicación de *El otro, el mismo* (1964), Borges reitera en el prólogo al *Elogio de la sombra* su filiación con la ciudad esencial: "Sin proponérmelo al principio, he consagrado mi ya larga vida a las letras, a la cátedra, al ocio, a las tranquilas aventuras del diálogo, a la filología, que ignoro, al misterioso hábito de Buenos Aires..." La declaración se alimenta de otro poema titulado *Buenos Aires*, y que presenta un intento de respuesta a la pregunta: "¿Qué será Buenos Aires?" a la que después de una enunciación de imágenes, recuerdos y lugares, escribe Borges: "es lo que se ha perdido y lo que será, es lo ulterior, lo ajeno, lo lateral, el barrio que no es tuyo ni mío, lo que ignoramos y queremos". Eso es Buenos Aires: el todo y la nada, sutil combinación de opuestos que sin tocarse viven unidos.

Conforme avanzan los años y Borges se acerca al periodo final de su vida, el escritor se resigna a su amor por Buenos Aires tal y como se resignó a ser Borges. Los cuentos que integran *El libro de arena* (1975) si bien no tienen ese signo característico de la sacralización y evocación de lo urbano, no ignoran la ciudad esencial. En uno de los relatos más celebrados, cuyo título da nombre al libro, Borges deposita el libro de arena, ese libro diabólico y enemigo de toda mesura, en un estante húmedo de la calle México, lugar en donde tiempo atrás estuvo ubicada la Biblioteca Nacional, de la cual fue director. El libro regresa, de un modo trastocado, a lo que fue en su origen: conocimiento desbordado, inutilidad ornamental vuelta a la vida debido a una ausencia de entendimiento metafísico. Luego de esa historia, el argentino comienza a situar sus historias en lugares exóticos para los escenarios habituales de la literatura hispanoamericana. Las resonancias escandinavas, aunado a su germanofilia, no fueron obstáculo para que de un modo nostálgico volviera a Buenos Aires a depositar todo el saber que pudo reunir a lo largo de su vida. Vuelta al origen: con el depósito del libro, Borges entrega lo más preciado para un escritor. Hallazgo súbito expresado en un acto simbólico.

Aunque el tema de Buenos Aires, como posibilidad de fabulación sufre un descenso, no es difícil hallar en sus poemarios finales al menos una evocación. Fuera de *La rosa profunda* (1975) en donde no figura mención expresa, los siguientes libros de poesía tienen menciones significativas. Así, en *La moneda de hierro* (1976), Borges escribió una *Elegía a la patria* que, sin hacer alusión abierta a Buenos Aires y más bien cantando a toda la nación Argentina, elabora los elementos de manera plástica y verbal y llevan de inmediato al lector a la ciudad sudamericana. Escribe en el poema:

> *De hierro, no de oro, fue la aurora.*
>
> *La forjaron un puerto y un desierto,*
>
> *unos cuantos señores y el*
>
> *ámbito elemental de ayer y ahora.*

La vuelta es indudable: la fundación mítica es tema constante, y no sólo eso, Buenos Aires como lugar de origen y centro de historias que nutren la memoria colectiva. Años después, en *Historia de la noche* (1977), se lee en los primeros versos de *Milonga del forastero*:

> *La historia corre pareja*
>
> *la historia siempre es igual;*
>
> *la cuentan en Buenos Aires*
>
> *y en la campaña oriental.*

Resulta paradójico que Borges, tan amante de Buenos Aires, no le hubiera dedicado una conferencia que se publicara con formato de libro. Pienso en *Borges oral* (1979) o en *Siete noches* (1980), libros en los que el autor argentino abordó hechos que alteraron la forma de su obra. En *La cifra* (1981), poemario anterior al que sería el último que publicara en vida y en el que por cierto ya no existen alusiones a la ciudad esencial: *Los conjurados* (1985), Borges realiza un último enfrentamiento con esas calles de su infancia, y lo hace desde tres perspectivas distintas que no están de ningún modo divorciadas. En el poema *Buenos Aires*, escribe con el peso de la distancia y las variaciones inevitables de una ciudad que día a día se vuelve metrópolis:

> *Ha nacido en otra ciudad que también se llamaba Buenos Aires.*

Y después de invocar en su memoria las imágenes que guarda, concluye con una melancolía que muchos poetas del periodo compartieron:

> *En aquel Buenos Aires, que me dejó, yo sería un extraño.*

> *Sé que los únicos paraísos no vedados al hombre son los paraísos perdidos.*

> *Alguien casi idéntico a mí, alguien que no habrá leído esta página,*

> *lamentará las torres de cemento y el talado obelisco.*

Borges asume que el Buenos Aires que evoca y es más un trozo compartido de memoria que un lugar físico de encuentro. Y ese hecho conduce a la tristeza. Así lo confirma el cierre de *Elegía*, otro poema de *La cifra* (1981):

> *Del otro lado de la puerta un hombre*
>
> *hecho de soledad, de amor, de tiempo,*
>
> *acaba de llorar en Buenos Aires*
>
> *todas las cosas.*

El llanto es inevitable pues no importa cuánto sepa el hombre que todo tiende a pasar para perderse en un pozo de olvido, siempre tendrá necesidad de grabar el instante. Aunque queda el extraño privilegio de haber contemplado instantes que nadie más habrá presenciado. Escribe en *La fama*:

> *Haber visto crecer a Buenos Aires, crecer y declinar.*
>
> *Recordar el patio de tierra y la parra, el zaguán y el aljibe.*

El diálogo con la ciudad parece concluir: "nunca sueño con el presente sino con un Buenos Aires pretérito y con las galerías y claraboyas de la Biblioteca Nacional en la calle México". Aproximarse a Borges implica entender esta relación, sutil juego de identidades en donde Buenos Aires se confunde con el poeta que la escribe y unas calles pobladas de fantasmas literarios, brazos inertes de un ingenio vaporoso. La relación de Borges con Buenos Aires se multiplica de modo insospechado. Al igual que otros escritores modernos, parte del legado borgeano quedó en entrevistas, declaraciones, conferencias y en ese género informe que es la oralidad del escritor. Borges se prodigó para sus lectores participando, haciéndose presente. En el ensayo que Octavio Paz escribió a raíz de su muerte, se lee una confidencia que el autor mexicano narra respecto al último encuentro con el poeta argentino: "Nos habló del Buenos Aires de su juventud, esa ciudad de «patios cóncavos como cántaros» que aparece en sus primeros poemas; ciudad inventada y, no obstante, dueña de una realidad más perdurable que la de las piedras: la de la palabra". Ciudad de palabras, lugar incierto de sueños y nostalgias.

V. EPÍLOGO
OPINIONES CONTENDIENTES

> Hay que recomendar con insistencia el método de los
> borradores; no dejar de escribir ningún giro, ninguna
> expresión. La riqueza también se obtiene ahorrando
> verdades de a centavo.
>
> G. C. Lichtenberg, *Aforismos*

1

La literatura mexicana tiene rostro grave. Le apasionan
los grandes temas y los intenta: el poder, la identidad, el
lenguaje, la figura paterna. Cuando se suelta el pelo
ignora los matices de la ironía y se embriaga con
sarcasmo. Entre los eructos de la mala copa suelta tiros
al aire, que pueden oírse en la noche. Esta forma de
corrosión es un mal endémico, pues su burla jamás es
tenue y el chiste a costa de los demás alimenta la
sobremesa.

2

Estamos en la era del instante, de la fugacidad que se
encarna en líneas mínimas que pretenden abarcar toda
memoria y toda expectativa, tanto del arte como de la
vida misma. Por lo mismo, el fragmento se halla en un
auge inusitado. Quien no escribe en trazos, borrones y
salpicaduras vive en el error, parece decirnos la
literatura actual. Y no obstante que hay una tradición
muy viva en las letras hispanoamericanas —Julio Torri,
Max Aub o José Bergamín— el cultivo del instante

palideció por décadas: se equipara al desparpajo y a la carencia de tentativas de trascendencia. Imagino la obra de Jaime García Terrés como un paradigma para ahondar en esta tentativa. Su gusto por la dispersión, por el tratamiento de temas variados y por aspirar a la categoría de retratista de un escenario, hacen de su labor una parada inusual en la literatura mexicana.

3

La disputa sobre si el arte aporta un valor adicional al fluir de la vida admite teorías variadas, aunque comparto la que señala que el arte es gratuidad y por tanto un ejercicio libérrimo del ingenio. Una profesión de fe que se sirve de un procedimiento técnico para reproducir o contener belleza, así sea de modo fugaz. Así, la literatura no deja de adivinar su posible forma en el espejo para meditar sobre sus alcances. Al girar sobre sí misma obtiene una perspectiva más amplia de su propio objeto de estudio, que es ella misma. Es aquí donde logran sincronía los bastidores de este biombo: gratuitos, errabundos, todos cíclicos y rutilantes. Porque escribir es emplear fuerza vital para que esas bisagras materialicen la intención de movilidad. Un aspecto que Schopenhauer no consideró en su obra magna. Lejos de que el mercado editorial pretende imponernos la lectura de novelas de largo aliento, que publica a velocidad indescifrable, tanto el relato corto como la viñeta narrativa, la ficción súbita y el apunte desordenado, siguen latiendo en nuestra literatura. Y no es un pulso agónico ni pausado, sino rítmico y galopante. Aún respira, por suerte, la prosa híbrida y juguetona, aquella que mezcla saberes, registros y secuelas.

4

Ser testigo de una época y no dar cuenta de ella equivale a no vivirla, a ser un holograma en el esquema social que exige, al menos en la época actual, el emborronamiento del individuo como actor o móvil indirecto del hecho humano. Pero evitemos caer en la confusión: "dar cuenta de una época" no implica dedicarse a las humanidades, estar informado o proponerse la redacción de novelones para continuar el empeño de Balzac en el mundo contemporáneo. Se actúa desde la moda, el diseño, el cine, la música electrónica o cualquier otra actividad que requiera imaginación, y sea capaz, así sea de manera involuntaria, de auxiliar al hombre en el conocimiento de sí mismo.

5

En la obra de los escritores imprescindibles aparece una actividad reiterada: la descripción, en sus narraciones o creaciones poéticas, de aspectos sensibles que flotan en el ambiente de su época y que resultan imposibles de rastrear tanto en la historia entendida en sentido clásico, como en la sociología cotidiana más minuciosa. De ahí que pueda leerse toda la escuela de las emociones del siglo XIX en la novelística de Balzac, Flaubert y Zweig, auténticas enciclopedias del desamor, la traición y la avaricia. El escritor de talla parece condenado a ser espejo de su época, sólo que en ocasiones tenga que serlo en términos políticos y sociales —los más volátiles al dictamen del tiempo—, y sean pocos los que logren justificar su actividad en el amplio y delicado espectro de la genuina sensibilidad humana.

6

Es posible entender al ensayo como un intento de comprensión, de acercamiento. Las palabras abren puertas o las cierran, pero siempre las develan e iluminan: hacen patente su materialidad y su presencia. Una vez entrevisto el acceso podemos abrirlo, cerrarlo o pasar indiferentes de largo. No es errático afirmar que el escritor es un ser que existe al margen: aun cuando el hilo de su pensamiento escrito viva preso de la construcción mental que es la lectura (sutil forma de la comunión), su trabajo es silencioso, fiel a sí mismo y, en ocasiones, pleno de un egoísmo que no es posible condenar. El escritor vive en un estado de embelesamiento que no termina sino hasta que descarga parte de su ser en una hoja en blanco: "Un hombre que se ha propuesto ser artista ya no tiene derecho a vivir como el resto de la gente", sentenció Flaubert. Pero esa marginalidad congénita al acto de escribir puede ampliarse por decisión propia del autor si es que, como ha sucedido a lo largo de la historia, se escribe por una necesidad imperiosa que viene dictada del interior y las luces de la vida pública no tienen mayor injerencia en el acto creativo. La tentación de la distancia: interregno fabuloso y sorpresivo, renovada torre de marfil, espacio minúsculo de entrega y sacrificio, seducción de todo tiempo y decisión pura y valiente: permanecer o alejarse.

7

Resulta innecesario probar que el número de libros que se conciben y no se escriben, sea por pereza, tragedias, muerte o simple incompetencia técnica, supera en mucho a los millones de volúmenes que ya existen en los estantes de las tantísimas bibliotecas de todo el mundo. Y es que son escasos los seres humanos con la paciencia agustiniana de lidiar durante años con párrafos, líneas y hasta palabras fuera de sitio. Las grandes obras literarias tienen mucho de fibra arquitectónica en su organización y estructura. ¿El culpable? El lenguaje y sus infinitas posibilidades: salvación y penitencia.

8

Es dable preguntarse en el panorama actual de la literatura, veleidosa y experimental, si la mirada constante a las formas de la memoria —entendidas como modo natural de aproximarse a la escritura, y al mismo tiempo nutrirla de vida—, es un mecanismo disimulado para superar la abulia que ataca incluso a las grandes plumas, o una transmutación del hombre-mecánico en un hombre-recuerdo. Para meditar, el *dictum* elizondiano: "la digresión no es la sustancia, pero sí la vida de la prosa".

9

Escribir es un acto de irresponsabilidad estética, y Lichtenberg remata: "cuando releo mis viejos cuadernos de reflexiones, a veces doy con una idea que me satisface".

10

Los días se fugan como agua. Según avanzo, los pesares de la corrección y revisión se desvanecen. El pensamiento fluye de manera ordenada. Ahora el problema es intentar la escritura con la velocidad del pensamiento. El producto son oraciones sin ilación que, nada más terminadas, exigen un cansino periodo de corrección. Ese, quizá, es el trance más fastidioso de la escritura.

11

Tiempo atrás se juzgaba lamentable no recordar nombres, circunstancias o historias de libros que se habían leído con esmero: se juzgaba una falta de compromiso, de memoria o de interés, en fin, de todo lo repudiable en el mundo. El sentimiento de culpa se agravaba si el libro era excepcional o si figuraba citado en lugares diversos por autores que interesan a la clase letrada. Pero de la culpa es fácil saltar al deleite: la posibilidad de la relectura es un valor inapreciable y una de las muchas posibilidades que debe ofrecer un texto.

12

Leer demasiado podría tener un efecto perturbador en lo que se lee. Con frecuencia surge esa extravagante idea que consigna que todos los libros de la historia forman un solo libro, inmenso, inasible e inefable. Con el tiempo resulta más compleja la lectura auténtica, que implica no sólo la comunicación verbal a través de la palabra escrita, sino que implica un sacudimiento intelectual inmediato, o después un tiempo indeterminado.

13

La escritura proporciona un placer que trasciende cualquier otro que tenga que ver con la celebración del cuerpo. La aparición de palabras y que puedan cobrar sentido en el ejercicio de la lectura, es una de las magias que permite la vida cotidiana. Hay algo en la lectura que nos proyecta hacia lugares que nada tienen que ver con el espacio físico. ¿Será la vivencia de la proyección imaginaria?

14

Perderíamos el tiempo tratando de averiguar cómo se dieron las cosas. La sucesión de actos de las vidas humanas está desprovista de todo orden lógico aparente. La actitud ejemplar del hombre sería limitarse a presenciar el desdoblamiento continuo y al parecer infinito de esa larga cadena, dejado de lado toda tentativa de organizar o hacer proyecciones hacia un futuro incierto y acaso lamentable. Acto seguido, dejar en el armario la errónea presunción de que esto constituye una visión negra de la vida, de que las mejores cosas están al final del túnel y que basta con la paciencia para sobrellevar el caos vital y la circunstancia equívoca de amanecer cada día con el mismo rostro. Pasado el tiempo, sólo queda desentrañar lo que debimos haber hecho y no hicimos. Queda, si es posible, averiguar las causas del embrollo humano y esbozar algunas consecuencias. Más allá de esto sólo queda anticiparse a la vanidad de los hechos, al momento en que la experiencia se interpone a la configuración del mundo, y se yergue en el mástil de la decepción y el enigma. Y la circunstancia avanza hacia el polo de la circunstancia y del dolor que nos acecha en los momentos más álgidos.

15

La escritura comparte cualidades con el moho. Una vez que aparece se expande y crece sin control. La dificultad nace cuando crece hasta el punto en que puede perdurar. La mayoría queda en una promesa de crecimiento.

16

Sólo de manera forzada es posible explicar la causa de ciertos afectos, y más aún en materia literaria, tan vanidosa y pulcra. Es posible imaginar que el gusto literario no es sino una manifestación sutil de cada temperamento: padecemos la influencia de escritores capaces de emborronar en párrafos de sus obras los infiernos o paraísos que nos agobian y nos divierten, nos sofocan hasta la asfixia e incluso nos enamoran. Entreguémonos, como impulsados por una fuerza irreprimible, a esa potencia centrífuga que nos empuja de un estante a otro, en medio de una noche agitada, pasando de la Inglaterra isabelina a los sonidos de una noche en África, de una mirada en medio del desastre de una batalla en Islandia al susurro de pájaros volando en círculo. Viajamos alrededor de un puñado de autores, elegidos de manera caprichosa.

17

No es difícil hallar en la literatura moderna ejercicios de exceso que de tan impenetrables se juzgan áulicos. Pareciera que la calidad de las obras puede medirse por el grado de perplejidad que genera en los lectores. Y destronar mitos logrados es una empresa sin porvenir. La literatura moderna es un artefacto de excesos, pero la posmoderna ha perdido toda brújula, todo respeto por el lector, la tradición y la historia literaria. Ya Borges apuntaba la tendencia del escritor joven que frente a las vacilaciones de su vocación y a los pudores que provoca la lectura ajena, tiende al barroquismo y al amaneramiento, recursos ambos para disfrazar vacíos.

18

El cine ha funcionado como una escuela de la sensibilidad desde su invención. Contra su hechizo no hay pócima. Salimos embelesados de la sala obscura. Su colectivización como ceremonia, por otro lado, está lejos de afectar su relevancia como fábrica de sueños. Entrena el ojo narrativo y obsequia imágenes para recordar. Asimismo para divagar, ya que soñamos imágenes. El escritor actual organiza secuencias narrativas con planos. Planea sus relatos a partir de *storyboards* y hay hasta quien escribe un libro con su respectivo *soundtrack*. Los modos de la literatura, al fin, no cesan de diversificarse. El laberinto tiene muchas puertas.

19

Todo narrador aspira a la creación de un personaje, refiere el lugar común de la teoría literaria. Y lo creo porque, como lector, esta alquimia es parte del magnetismo que nos hace apreciar un libro y colocarlo en un lugar privilegiado del estante. Que se vea y nos regale la mirada de su lomo. Un personaje puede salvar del olvido a una obra literaria. Sugiero que esta magia nada tiene que ver con un ejercicio de vanidad o con la persecución de la memoria literaria, esa quimera. Un personaje es la carnalización de una intención literaria. Es narrativa que, en efecto, crea, y no una mera secuencia de imágenes hiladas. Ese personaje debe tener una fórmula química distinta a la que nos compone, misma que lo densifica y hace aparecer, a la manera del numen. Y no todos los narradores saben de química.

20

Damos por hecho al perro, tristemente. Nos acompaña, es afable, jamás tiene un mal gesto. Incluso cuida la casa. Su andar es una expresión de lealtad. Testigo paciente de nuestro paso por el mundo, el perro se incorpora de tal modo a nuestra forma de vida que logra un lugar de privilegio en la familia que lo adopta. La forma civilizatoria de los hombres exige que haya respeto y hasta cariño para las mascotas. Y no obstante esta celebridad apenas es motivo de narraciones o ensayos. Lo juzgamos obvio, acaso cursi, y por tanto la literatura en lengua española que aborda la relación del hombre con el perro es escasa, si no es que hasta nula. Y no me refiero a su calidad literaria, sino sólo a su existencia. Los autores de lengua inglesa aún exploran esa veta con intención literaria. Porque hay perros que filosofan y aquello que nos apasiona admite una reformulación para sobrellevar los días grises.

21

La adolescencia es el territorio de la magia. Aquí el hallazgo es prolongado. Es una edad que habita coordenadas que buscan evadirse. Al imaginar que vamos hacia el norte podríamos, en realidad, andar hacia el este. O hacia el sur, incluso. Tal es la inasibilidad de su forma definitiva. De ahí su energía y los efectos perdurables que logra en la memoria. No se pierde el recuerdo de la adolescencia, ya que sus descubrimientos —o "epifanías", como ha dado en llamarse a estos hallazgos súbitos—, alimentan nuestra idea del mundo, de la vida y hasta de las relaciones más perdurables. Es la edad para divagar, pues al hacerlo se accede a un lugar de privilegio.

22

La épica que deriva de la guerra y de las condiciones de vida intrafamiliar, no están lejos. La psique humana es un campo de batalla. Dentro de sus límites, imprecisos y burlones, se atropellan los deseos, la afectividad y los desórdenes inexplicables del "yo". Las primeras asociaciones de la infancia impregnan el resto del trayecto vital. Somos los niños que fuimos, en la edad adulta, y nuestros miedos son idénticos, salvo que ya se comprende la lógica envilecida que hace girar al mundo

—lo cual, a fin de cuentas, no sirve de nada. Y aún con estas verdades de Perogrullo, es posible adentrarse de nuevo a perfilar estos misterios. Tal es su riqueza, o tal es nuestra nimiedad.

23

El desarrollo de la tecnología impacta la emotividad de las personas. El flujo de información que procesamos cada día, que nos llega lo mismo del celular que del correo electrónico, más que acercarnos como individuos, nos aleja y encapsula; organiza un cosmos y lo disgrega en ese mismo universo, obligado por un dios *geek*.

24

El destino de los hombres, desde tiempos heroicos, ha variado lo mínimo por lo que hace al padecimiento de la tragedia interior, la cual conlleva la indiferencia de los demás. Fuera de las distintas formas en que todo arte concebido se ha dedicado a representar la naturaleza trágica de la atracción carnal, el misterio inherente a las formas del amor —más aún cuando sus fronteras con la estricta pulsión sexual son borrosas—, permanece en la bruma cuando el acercamiento evade los destellos de la pasión exacerbada.

25

Pareciera que cada época está condenada a padecer una sacudida debido a la equívoca maraña que nace cuando el binomio amor-atracción fusiona las relaciones humanas. Nuestro tiempo no es la excepción salvo por una delicada circunstancia: a causa de su velocidad, los cambios resultan imperceptibles para el ojo distraído. Y ahí, tras esa cortina, sólo una mirada reconcentrada es capaz de cartografiar ese laberinto lejos de la pedantería que nace de saberse experto en la materia y que, a la par, rehúya la intención de hacer novelones asépticos.

26

A lo largo del siglo XX el compromiso político del escritor adoptó la forma tanto del repudio más sobrado como la del paradigma a seguir. Los modelos de ésta última no abundan. Se recuerdan, con mayor frescura, los errores estratégicos de André Malraux, la soberbia terminal de un Jean-Paul Sartre encanecido, o el candor con el que Albert Camus era capaz de apoyar cualquier causa siempre que convocara al desorden y a la multitud sudorosa y retadora. Difícil imaginar a un escritor comprometido que suscite, a la distancia, el entusiasmo y respeto unánimes después de haber manifestado una excesiva entrega a los favores, deleites y desaires del acontecer político.

27

No cesan de aparecer los ajustes de cuentas entre quienes profesaron religiones políticas laicas de color rojo. A lado de estas tentativas, de manera velada, se percibe una tipología de la conciliación que por la delicadeza de su trazo exige mayor atención: la que enfrenta el ajuste no como mero tropiezo de la voluntad humana, sino como un acto incomprensible del azar frente a la Historia, asumida como fuerza y motor del acontecer humano. El hombre del siglo XX puede entenderse, a la distancia, como aquel de buena fe que se diluyó entre la bullaranga de la masa. Donde había ruido, reunión y movimiento, ahí se plantaba a gritar consignas.

28

El teatro de la política, por su carácter descarnado, laberíntico e imprevisible, ejerce una fascinación casi inapelable entre cierta tipología de escritores. Dicha preferencia deriva, al parecer, del lugar en que se nace: las grandes urbes convocan los ánimos de querer participar en la vida pública, mientras que en las poblaciones minimalistas se opta por atestiguar, desde una hamaca, cómo los demás organizan a la colectividad. El escritor urbano tiene dentro de sí una irrenunciable vena política, y aun cuando luche contra ella y decida ignorarla, no puede jactarse de desconocerla.

29

La conmoción que causó el fervor por el comunismo del siglo pasado en el mundo, no ha cesado de producir relecturas, aproximaciones, nostalgias y hasta recriminaciones. Pareciera que la distancia, en lugar de promover el olvido que se necesita para lograr un replanteamiento de las condiciones del ciclo económico, aguijonease de continuo a sus practicantes para lograr libros de memorias, exaltadas novelas de crítica al nuevo siglo o volúmenes documentales que carecen de cualquier intención literaria. De ser suspiro, la añoranza por el comunismo se vuelve escupitajo y tos carraspeante.

30

Difícil vivir durante una larga temporada en los Estados Unidos y no sentirse atraído por sus mitos y acontecimientos. Son hechos que llegan a cualquier rincón, y su resonancia afecta el devenir de los ámbitos de la actividad humana: arte, antropología, historia, economía, química. No han sido pocos los escritores que han padecido el hechizo de la vida americana: de Thomas Mann a Isaac Bashevis Singer, pasando por Walter Benjamin, Theodor Adorno y Simone de Beauvoir, el movimiento infinito de mil ciudades que no duermen cautiva incluso a los ojos distraídos.

31

Pionero en confesar una seducción abierta por el trajín de la ciudad moderna, el futurismo declaró su devoción por la urbe de acero, poblada por fantasmas de metal y el escándalo hipnótico de la fragua tecnológica.

32

Ninguna ciudad existe hasta que un escritor la inventa. Y que no suene a exageración: como fundación urbana, entramado político y social, complejo sistema de relaciones o seno de miseria y opulencia, las ciudades *existen* en términos materiales, pero no *viven* como entidades imaginarias en la memoria colectiva. ¿Qué nos dicen ciudades como Bamako, Perm o Palembang, en contraposición con Moscú, Dublín o Viena? Poco o casi nada, pues falta la pluma de un escritor que las transforme en un lugar imaginado.

33

"La oscuridad sabe", se leía en el anuncio de una popular cerveza. Hacía referencia a su cerveza oscura, que se disfruta y nadie lo ignora. Negra como la noche aunque estamos a destiempo de probar que la mercadotecnia es capaz de lograr texturas. En la noche habita el numen y la hilera larga de sus disfraces que incluye ropa interior. Mucha, y además de colores. Tonos que van desde el "ya me estoy separando" y "yo tampoco tengo hijos", hasta frases que no es posible repetir porque nadie las ha escuchado, ya que todas se pronuncian susurradas al oído, tras el látigo visual de los estrobos y esos graves de una bocina que hace cimbrar las paredes. Los noctámbulos se visten en ese rincón. En esa lejanía, abierta al ánimo de lo nuevo, los camaleones no tienen tantos colores como presumen aunque dominan el arte de sacar la lengua, y estirarla para atrapar a una presa. La iconografía de la noche es tan inmensa/intensa como sus enamorados. Porque el amor es arquearse para alcanzar lo que se sabe inasible, y aún con todo se intenta.

34

Aquello que cautiva es tormentoso, dijeron los románticos y los decadentistas. Yukio Mishima que se inició en el "mal hábito" de la masturbación ante la imagen icónica del San Sebastián de Guido Reni, y la cual refiere fue directo a la basura por los daños consecuentes, recuerda el evento como "un lastre de pesar y culpa, una mezcla infeliz de sensibilidad extática". Pero la noche huye de las cartografías. Se fuga de los mapas. La puerta por la que entramos en la noche a una casa de citas, felices, desaparece por la mañana. La aurora limpia las asperezas, los pliegues que huyen de la naturalidad. El detritus, para abreviar.

35

Salir a la calle dibuja geografías reconocibles aunque concluyen de ensueño: el centro de una ciudad, la cantina de moda, el color de las farolas. Pero nada más esbozadas, se escurren. La literatura es útil para ir más allá del misterio de lo inmediato porque lo suyo porque siempre está más allá, inalcanzable y dinámica. Un cuadro o una partitura pueden aspiran a la plenitud, en tanto que un texto siempre estará incompleto. La forma detenida o el sonido que llega al silencio se confrontan con el discurrir verbal que no cesa, aunque a veces tome aliento y se quede en blanco. Un anecdotario interminable aunque con final feliz.

36

La noche es el misterio, nuestra incógnita y su posterior epifanía. El alcohol —a la manera de un menjurje alquímico— participa de este juego de naipes líquidos que lo mismo conduce a la utopía de la ensoñación, que a engrosar los barrotes que nos condenan. Es lo natural: ¿quién se abandona a este andar de congoja sin un talismán en el bolsillo? Es posible relatar tu historia con acento de humor negro y picaresco. El realismo nos niega la visión de sesgo erótico sin eufemismos *delicatessen*, al tiempo que hace una denuncia urbana desde una cuenca petrificada. Análisis descarnado sobre la condición anímica de una sociedad que estando en lo más hondo del abismo, lo sigue buscando. Estira el cuello. Tal es su ceguera: tal es su orfandad: nunca fue tan divertido perseguir ilusiones (que se tienen por) perdidas. El ejercicio de la putería no pierde su atractivo germinal y más aún en un entorno en que las emociones se salen de control y tienen planes propios. Aquí un trazo de la geografía de esta caverna sin salida. Nos esforzamos en pormenorizar la agenda íntima y a un tiempo espiar sin decoro la línea que separa al hombre-caballero de sus fronteras inimaginables, aunque todas deseadas por los esquemas atípicos de la feminidad posmoderna y noctámbula: patán-*pimp-swinger*-gatopardo-(agregue lo que convenga al ánimo)...

37

Bon vivant, tahúr y dandi, profesional del duelo y la seducción exprés, viajero incansable por necesidad y hedonista confeso; ateo, espía, fugitivo y laboratorio vivo de toda infección venérea conocida en su tiempo, Giacomo Casanova representa el maridaje ideal entre el hombre racional de las Luces y el filósofo de la praxis, cuya vida resume la tipología del perfecto cínico de Wilde al saber "el precio de todo y el valor de nada". Casanova *l'homme*, moderno adelantado, síntesis de la identidad europea: italiano de Venecia que escribe en francés por elección voluntaria, padece años de errancia continental y muere en Duchcov, ciudad equidistante de Praga y Dresden, en donde trabajaba —en un destino borgeano— como bibliotecario.

38

Si bien desde tiempos inmemoriales el hombre ha buscado la ruta hacia el conocimiento a través de la ampliación de la experiencia sensorial, no fue sino hasta el siglo XX cuando esa búsqueda alcanzó sus momentos más altos y, derivado de esos hallazgos, la forma perenne que busca el artista adquirió siluetas inadvertidas. De las drogas a la meditación, el hombre posmoderno sigue firme en la creencia de que es posible desgarrar el velo que cubre la realidad y hacer de lado la cortina que cubre el gran misterio.

39

Al igual que Balzac, quien conoció la ruina, Dostoievsky narró en *El jugador* la agonía de los hombres cuando el dinero está ausente, viene en camino o, al final,

desaparece por la toma de medidas apresuradas. Y
Picasso, en una línea tirada a vuelo de pájaro, en una
página de sus célebres *Conversaciones con Brassai*,
refiere del dinero: "hay que tenerlo, para poder
olvidarse de él".

40

La novela de aventuras no abunda en la literatura escrita
en español. Tuvo un auge durante la segunda mitad del
siglo XIX y languideció a causa de la devoción por el tipo
de realismo que pretende dar cuenta de injusticias. Las
letras hispanoamericanas están cruzadas por el signo de
lo grave, seriedad que no pocas veces roza el
acartonamiento y las arquitecturas narrativas
amaneradas. Y no obstante, al igual que sucede con la
novela negra, la de aventuras se antoja necesaria en el
seno de cualquier literatura dada su capacidad para
sugerir aspectos entrevistos de la naturaleza humana o,
en caso contrario, para ridiculizar los que se tienen por
establecidos.

41

A fuerza de leer, releer y traducir a escritores
excéntricos y "raros" Pitol ha terminado por ser uno de
ellos. Y aquí la taxonomía es elogio, pues el propio Pitol
los caracteriza en *El mago de Viena* (2005) como
aquellos que logran "hacer de la escritura una
celebración". Desde su primer libro Pitol asume ese
destino como una fatalidad asumida con libertad, y el
cual le exige no someterse a las modas literarias, ni a ser

el pacífico contertulio de alguna secta letrada. Por el contrario, esa forma de concebir la literatura lo ha llevado a ejercer la escritura como una posibilidad para cuyas ramificaciones se requiere un temple forjado en las páginas de los mejores autores. Una síntesis de Pitol: un lector astuto, incrédulo, socarrón y hasta indiscreto.

42

Quizá de todas las ciencias biológicas ninguna haya servido tanto a la pretensión del arte —de una manera involuntaria, si se quiere—, como la medicina y las derivaciones patológicas que se persiguen a nivel cerebral. Es una cuestión que remite a preguntas para las que se han dado mil respuestas: ¿son los artistas enfermos mentales presos de desórdenes emocionales? ¿Dónde está la frontera entre creación y locura febril? Así, la literatura elaborada por médicos practicantes o especialistas dedicados a la investigación, ofrece un singular atractivo para los interesados en ampliar su entendimiento del hecho creativo.

43

Las variaciones sobre el tema de las metamorfosis abundan en la historia literaria. Parten del pensamiento mitológico primitivo y van a dar a las obras literarias que duermen en las carpetas ajadas de escritores contemporáneos. Y es que ofrecen una posibilidad única y literaria: parten por entero la lógica del acontecer diario y tras sus formas alegóricas el autor pueden barnizar conceptos, ideas, enseñanzas. *La metamorfosis*

(1915) de Kafka refrenda estas posibilidades y lo hace con las problemáticas que presagian la edad moderna: angustia, irracionalidad, zozobra. A partir de ahí, la alegoría abandona el terreno del mal gusto literario y se vuelve un reto para los autores que tengan por objetivo personal hacer la crítica de su tiempo.

44

A fuerza de machacar la idea de que el cuento no es vendible en la actual estrategia editorial, el lector ha terminado por desconfiar de los volúmenes de relatos. En consecuencia, se opta por la novela oceánica con la promesa de que una historia dilatada, con cientos de personajes y acciones, habrá de revelar los arcanos del misterio literario. Y no bastaron los cuentos de Julio Cortázar, Jorge Luis Borges o Felisberto Hernández, para probar lo contrario. Pero los destellos y sacudidas aparecen en la ficción súbita y el relato que busca dar cuenta de un solo hecho, tejido alrededor de una obsesión única.

45

Octavio Paz refirió que la literatura hispanoamericana está dominada por la tentación del extremo. Reímos para matar o lloramos para consumirnos: desconocemos los puntos grises, las medias tintas. En el ejercicio del humor este punto es cierto. Poseídos por el espíritu de lo escatológico, somos proclives a imitar la sangre que escurre de los epigramas de Góngora o las burlas corrosivas que parió el ingenio de Gracián. En la brutalidad, parece, yace el éxito, esto es, la violación subterránea del escucha o adversario.

46

Luego de recorrer el estante a vuelo de pájaro, me descubro lector de cuentos. Y por tal entiendo obsesivo, apremiante. Busco la última línea, el gesto final. O más bien atento y reiterado: virtudes menos frecuentes, según entiendo, por la distracción mediática que nos aleja de la lectura. No podría afirmar, a la manera borgiana, que no leo novelas por intuirlas farragosas, aunque haría mal en minimizar la placidez que me da iniciar la lectura de un libro de relatos. Las novelas ahí están, agazapadas y expectantes. Esperan esa flexión sensorial que me permita alcanzarlas.

47

El periodismo está lejos de ser un abismo sin memoria, al menos para el caso de los grandes escritores. Es un brazo adicional. Porque escribir es acción y la inmovilidad es silenciosa. Norman Mailer: "Pocos buenos escritores vienen de la cárcel. El encarcelamiento puede destruir la capacidad de escribir de un hombre".

48

Después de cumplir treinta años, los músculos pierden

vitalidad y es más difícil volverlos a su posición original. Se hacen dormilones y el pasmo les dura horas. Esto pensaba al agacharme para sacar del estante el último tomo de las obras completas de Tolstói, que han mantenido su lugar en el estante más bajo. Un intenso dolor me impidió volver a la posición del *homo erectus*. Pude llegar al sillón para recostarme. El autor ruso sigue siendo una aventura de primer orden.

49

Es natural que una era devota de la velocidad reintegre el epigrama, el aforismo y las formas breves al acontecer diario. Dostoievski entra a esta modalidad de escritura en partes del *Diario de un escritor*. Y es que no obstante el rostro adusto de sus novelas y relatos, muchas de sus entradas dejan ver a un Dostoievski socarrón y perspicaz, cáustico y hasta celebratorio de la desgracia ajena. Aquí una línea del autor ruso para andar por esta vida sin terminar jorobado: "Engullir, y dormir, y cagarse, y sentarse en blando".

50

Los sistemas totalitarios reducen a ceniza tanto el recuerdo como la experiencia. Nada más concluye su hegemonía se vuelve necesario refundar el sistema de valores. Una sociedad que padeció el flagelo de una dictadura militar descubre su nueva realidad a través del lenguaje, que es una forma primigenia de la libertad. La geografía pública del debate nacional despierta luego de hallarse circunscrita a una modalidad funcional de la comunicación, la cual no escapa al discurso que sistematiza la ideología del régimen. La libertad, por tanto, es una discursividad que se construye y materializa en una calistenia voluntaria.

51

La falta de creatividad, lo intuyeron los futuristas, se asemeja a la inercia, que es una confesión de perplejidad. Cuando Fitzgerald publicó *El gran Gatsby*, tan celebrado, T.S. Eliot le mandó una carta en la que, entre otros aspectos, le refiere: "Con algo de tiempo te escribiré para detallar porqué lo considero un libro sobresaliente. Me parece, incluso, el primer paso hacia delante de la narrativa norteamericana desde Henry James..." La tradición literaria, entendida como desapego a un modelo que fructificó pero ya no se ajusta a las necesidades de la vivencia contemporánea, exige que las articulaciones se integren en un andar coordinado. Así, la literatura es un ir hacia alguna parte. Las luces del puerto quedan atrás y navegamos mar adentro.

Hermenáutica de Luis Bugarini, fue terminado de imprimir en febrero del 2014 en los Estados Unidos. La edición estuvo a cargo de Casa Editorial Abismos. Se imprimieron 500 ejemplares.

www.ingramcontent.com/pod-product-compliance
Lightning Source LLC
Chambersburg PA
CBHW072003040426
42447CB00009B/1469